混合式教育教学精品示范数字教材

应用型人才培养校企合作精品教材

匠心教育丛书
JIANGXIN JIAOYU
CONGSHU

MINHANG ANQUAN JIANCHA SHIWU

民航 安全检查实务

主　编　吕　雪
副主编　王映清　黄紫葳　段求员
　　　　江子琦　李佳慧

重庆出版集团 ● 重庆出版社

图书在版编目（CIP）数据

民航安全检查实务 / 吕雪主编 . -- 重庆 ：重庆出版社，2024. 11. -- ISBN 978-7-229-19232-7

Ⅰ . F560.81

中国国家版本馆 CIP 数据核字第 2024LZ4872 号

民航安全检查实务

MINHANG ANQUAN JIANCHA SHIWU

吕　雪◎主编

总 策 划：李　斌　郭　宜
责任编辑：叶　子　黄　浩
封面设计：沫凡图文

重庆出版集团
重 庆 出 版 社　出版

重庆出版社职教分社　出品
重庆市南岸区南滨路 162 号 1 幢　邮政编码：400061　http://www.cqph.com
长沙市天心区井岗印刷厂　印制
E-MAIL：cqphdzz@163.com　联系电话：023-61520646
全国新华书店经销

开本：787 mm×1092 mm　1/16　印张：13　字数：254 千
2025 年 1 月第 1 版　2025 年 1 月第 1 次印刷
ISBN 978-7-229-19232-7
定价：45.00 元

如有教材配套资源需求或印装质量问题，请发送邮件或致电本社大中专教材事业部

在浩瀚的蓝天之下，民航业作为现代交通体系中的璀璨明珠，以其高效、便捷、安全的特点，连接着世界的每一个角落，推动着全球经济文化的交流与融合。然而，随着航空运输量的不断增长和全球安全形势的日益复杂，确保航空运输安全成了民航业发展的重中之重。民航安全检查，作为保障航空安全的第一道防线，其重要性不言而喻。

本书旨在为民航安全检查员、相关专业学生及从业人员提供一本理论与实践并重的综合性教材。书中不仅深入探讨了民航安全检查的理论基础、法律法规、国际标准和最新技术动态，还通过丰富的实训案例和模拟场景，帮助读者掌握安全检查的实际操作技能和应急处理能力。在编写过程中，充分考虑了民航安全检查工作的特殊性和复杂性，力求内容全面、准确、实用。本书系统梳理了民航安全检查的发展历程、基本原则与工作流程，使读者能够全面把握这一领域的概貌。同时，结合国内外最新的法律法规和行业标准，详细解读了违禁品、危险品的识别与处理方法，以及人体安检、行李安检、货物安检等各个环节的操作要点。此外，我们还特别强调了在安全检查中的服务意识、沟通技巧与团队协作，以培养读者成为既精通业务又善于沟通的复合型安检人才。

本书的实训部分是其特色与亮点。书中设计了一系列贴近实际工作场景的模拟实训项目，如违禁品藏匿与发现、突发事件应急处置、安检设备操作与维护等，旨在通过实践操作提升读者的实战能力和应变能力。同时，书中还附有大量案例分析，帮助读者从实际案例中汲取经验教训，提高分析问题和解决问题的能力。

我们深知，民航安全检查工作责任重大，每一项操作都直接关系到旅客的生命财产安全和民航业的整体形象。因此，本书不仅是一本教材，更是一本指南，它将引导每一位读者以高度的责任心和使命感，投身于民航安全检查重要工作中，共同守护蓝天下的安全与和平。衷心希望本书能成为广大读者学习成长的良师益友，为提升我国民航安全检查水平、保障航空运输安全贡献一份力量。同时，我们也期待与更多志同道合的朋友携手共进，不断探索、创新，共同推动民航安全检查事业迈向新的高度。

本书作为校企合作的重要成果，凝聚了双方团队的智慧与心血。在此，我们特别感谢民航运输服务专业校企合作企业——北京航服教育科技有限公司及其高级安检员牟丹。牟丹以其丰富的实践经验和专业知识，为教材的编写提供了宝贵的建议和素材，确保了教材内容与行业需求的紧密结合。他的贡献不仅提升了教材的质量，更为培养符合市场需求的技能人才奠定了坚实基础。在此，我们再次向牟丹及北京航服教育科技有限公司表示衷心的感谢，并期待未来有更多的合作机会，共同推动教育事业与产业发展的深度融合。

本书在出版过程中得到了重庆出版社的大力支持，在此表示衷心感谢。由于编者水平及时间有限，书中难免有疏漏及不足之处，恳请各位专家、学者及同行不吝赐教，若有相关问题，请发邮件至 cqphdzz@163.com，我们会及时核对并回复，以便我们再版时予以完善。

编　者
2024 年 7 月

目 录
MULU

项目一　民航安全检查基础知识

项目导读

　　乘坐飞机出行既省时又舒适，已成为公众出行的首选交通方式。尽管飞机的事故发生率远低于汽车、火车等交通工具，但鉴于飞机本身的特性，一旦发生事故，后果将极其严重。因此，加强民航安检工作显得尤为重要且刻不容缓。民航安检不仅是民航空防安全保卫工作的重要组成部分，更是空防安全的首要防线。本项目主要介绍了民航安检工作的基本概念，探讨了民航安全相关的法律法规，并概述了安检人员职业道德的基础知识。

● 学习目标

　　1. 熟悉民航安检的概念与性质，了解其在民航空防安全中的重要作用。

　　2. 掌握民航安检各岗位的工作职责，明确各岗位的工作内容和要求。

　　3. 掌握《中华人民共和国民用航空法》《中华人民共和国民用航空安全保卫条例》以及《民用航空安全检查规则》的相关内容，了解民航安全法律体系的构成和要点。

　　4. 掌握安检人员职业道德的基本要求和内容，培养良好的职业道德素养。

M11

任务一　熟悉民航安全检查工作

学习目标

✓1.深入理解民航安全检查的概念及其重要性。
✓2.掌握民航安检工作的基本原则和指导思想。
✓3.全面了解民航安检工作的主要内容及其执行流程。

能力目标

✓1.熟悉民航安检工作的各个环节和内容，确保在实际操作中能够准确应用。
✓2.能够严格按照民航安检工作的原则进行工作，确保安检工作的有效性和安全性。
✓3.具备按照安检基本程序独立完成安检工作的能力，保证旅客和航空器的安全。

任务导入
RENWU DAORU

　　旅客张小姐在乘坐××航班前往上海时，其随身携带的行李中包含了禁止携带的液体物品。安检员发现后，告知张小姐民航禁止旅客随身携带违禁物品乘坐飞机，并提供了两种处理方式：将违禁物品送出机场或现场自弃。然而，在旅客未明确做出选择的情况下，安检员错误地判断旅客已选择自弃处理，遂将禁止携带的液体物品放置于自弃筐中，并将行李交还给了张小姐。当张小姐到达目的地打开行李后，发现缺失了几件物品，因此感到非常生气，并质疑为何安检员在发现违禁物品时不明确告知旅客，而是在旅客不知情的情况下擅自处理。由于这一事件，张小姐进行了投诉。

　　1.你认为安检员的处理方式是否正确？
　　2.通过这一事件，你对安检工作有哪些新的认识或体会？

知识准备
ZHISHI ZHUNBEI

✈ 一、安全检查和民航安全检查

（一）安全检查的概念

安全检查，全称安全技术检查，是指在特定的区域内，为保障人民生命、财产及公共设施的安全所采取的一种强制性的技术性检查，包括民航、客运（火车、汽车）、港口、轨道交通、场馆设施等多个领域的安全检查。

（二）民航安全检查的概念

民航安全检查是指民用航空安全检查机构（以下简称"民航安检机构"）按照有关法律、行政法规和规则，通过实施民用航空安全检查工作（以下简称"民航安检工作"），防止未经允许的危及民用航空安全的危险品、违禁品进入民用运输机场控制区一种强制性的技术性检查。

民航安全检查是国际民航组织（ICAO）推动的一项重要倡议，旨在确保航空运输的安全性和可靠性。各国民航管理机构根据国际安全标准和最佳实践开展安全检查，以确保航班和机场的安全。民航安全检查的内容和程序可能会有所不同，但核心目标始终是提供安全、高效的空中交通服务。民用机场如图 1-1 所示。

图1 1 民用机场

二、民航安全检查的原则

民航安全检查工作应当坚持以下原则：安全第一、严格检查；坚持制度、区别对待；内紧外松、机智灵活；文明执勤、热情服务。

（一）安全第一、严格检查

确保安全是安全检查的宗旨和根本目的。严格检查是实现这一目的的重要手段，也是对安全检查人员（以下简称"安检人员"）的基本要求。所谓严格检查，即严密组织勤务，严格执行各项规定和措施，以高度负责的精神，牢牢把握安全检查的各个环节，切实做到证件不符不放行、安全门报警疑点不排除不放行、X射线机图像判断不清不放行、开箱（包）检查不彻底不放行等工作规范，全面确保飞机和旅客的安全。

（二）坚持制度、区别对待

国家法律法规以及安全检查的各项规章制度和规定是实施安全检查工作和处理各类问题的依据，必须严格贯彻执行，做到有法必依、有章必循。同时，应根据特殊情况和不同对象，在不违背原则和确保安全的前提下，灵活掌握和处置各类问题。在检查旅客时，既要一视同仁，又要注意区分，明确重点，有所侧重。

（三）内紧外松、机智灵活

内紧是指检查人员具备敌情观念，保持高度的警觉性、责任心和严谨的工作作风，并准备应对突发事件的应急措施，确保犯罪分子无机可乘。外松是指检查人员在执行检查时态度自然、沉着冷静、语言文明、讲究方式，按步骤、有秩序地进行工作。机智灵活是指安检人员在复杂情况下能敏锐观察、准确判断，从受检人员的言谈举止、行为装扮和神态表情中察言观色，发现可疑之处，不漏掉任何可疑人员和物品。

（四）文明执勤、热情服务

机场是一个地区或者一个国家的窗口，安全检查是机场管理和服务工作的一部分。安检人员应秉持全心全意为旅客服务的宗旨，确保检查规范、文明礼貌、着装整洁、仪表端庄、举止大方、说话和气；尊重并理解不同地区、不同民族旅客的风俗习惯。在确保安全且不影响正常工作的前提下，安检人员应尽力为旅客排忧解难，特别是对伤、残、病旅客给予优先照顾，对孕妇、儿童、老年旅客提供便利与关怀。

✈ 三、民航安全检查的内容

民航安全检查的内容主要包括证件检查、行李物品检查、人身检查、飞机监护、隔离区监护以及机场联检等。机场安检入口如图 1-2 所示。

图 1-2　机场安检入口

（一）证件检查

在证件检查环节，安检人员负责核查旅客的有效身份证件、客票和登机牌，识别涂改、伪造、冒用及其他无效证件。

（二）行李物品检查

行李物品检查是指对旅客随身携带、托运的行李物品进行仪器检查和手工开箱（包）检查，防止违禁物品被带上航空器或夹在行李中托运。

（三）人身检查

人身检查环节，安检人员通常使用探测检查门和磁性探测器等设备，或进行人工搜身，对旅客进行人身及携带物品进行安全检查。人身检查目的是发现旅客有意或无意携带的危险品、违禁品及限制物品，以保障民用航空器及其所载人员的生命财产安全。

（四）飞机监护

飞机监护是指民航安全检查机构对执行飞行任务的民用航空器在停机坪短暂停留期间进行的监控和保护，是确保民用航空器和旅客安全的重要环节。

（五）隔离区监护

隔离区监护涉及安检人员对隔离区的管理、清理和检查。这一过程中，禁止未经检查的人员与已检人员接触和随意进出，以防止外界人员向隔离区内传递物品，避免藏匿不法分子和危险物品，确保旅客和隔离区的绝对安全。

（六）机场联检

机场联检是对出入境行为实施的联合检查，由出入境边防检查站、海关、检疫部门共同执行。乘坐国际航班的旅客需先进行机场联检，再进行安全检查。

✈ │ 四、民航安检工作的基本程序

所有安检人员必须熟悉安检工作的基本程序，并明确相关要求。民航安检工作的基本程序如下：

（1）值班领导在检查工作开始前，应及时了解航班动态，传达上级的有关指示和通知，并提出本班的具体要求和注意事项。

（2）检查时，安检人员应要求旅客按秩序排队，并准备好登机所需的相关证件。首先，仔细查验旅客的身份证件及登机凭证，查验无误后，引导旅客通过安检门。通过安检门后，再对旅客进行手工人身检查。

（3）旅客的手提行李物品、托运行李以及货物快件、邮件应通过 X 射线机进行检查。对于疑似有问题的物品，应进行开箱（包）检查。

（4）安检人员应当进入候机隔离区，对等待登机的旅客实施监管，防止其与未经安全检查的人员接触。同时，应派专员在候机隔离区内进行巡视，对重点部位加强监控。

（5）各安检勤务单位必须认真记录当天的工作情况及仪器使用情况，确保记录准确无误，并做好交接班工作。

成立于1988年的中国国航与中国东航，以及稍晚于1995年成立的中国南航，无疑是国内民航领域的"三巨头"。据统计，在国内乘坐飞机时，每售出三张机票，其中就有两张是由这三家航空公司提供的。

国航作为最早成立的航空公司之一，承载着丰富的历史使命，是中国民航发展历程中的关键"缔造者"和"见证人"。它不仅是中国唯一载国旗飞行的民用航空公司，还是亚洲唯一一家航线网络覆盖全球六大洲的航空公司。此外，国航在国内率先推出常旅客计划，并连续12年入选世界品牌500强，这些成就充分彰显了国航的深厚背景、卓越能力和崇高使命。

南航则以庞大的规模和卓越的服务能力著称，其运输的旅客数量最多，市场化程度也最高。南航堪称中国民航与世界接轨、参与全球竞争的领军者。目前，南航拥有的飞机数量已超过800架，位居亚洲第一，世界第三。在2018年，南航运输了1.39亿人次的旅客，成为"一带一路"沿线最大的航空承运人，并持续保持着国内民航的最佳安全纪录。在市场化运营方面，南航同样走在了前列。它不仅是国内第一家运用融资租赁模式引进飞机的航空公司，还首次完成了不间断跨太平洋延程商业飞行。此外，南航还率先与国外航空公司开展代码共享合作，并推出了电子客票和网上订座服务。

可以说，国航代表了中国民航的对外形象和综合实力，而南航则是中国民航在改革与服务方面的先锋。这两家航空公司在激烈的竞争中不断发展壮大，共同推动了中国民航市场的繁荣。

在短短的几十年间，中国民航的周转总量、旅客周转量及运输量等关键指标均实现了跨越式的增长。这种增长势头，不仅让国内民众享受到了更加便捷、舒适的航空服务，也让中国民航在国际舞台上崭露头角，成为全球民航市场的一股重要力量。然而，在欣喜于这些成就的同时，我们也不能忽视中国民航在运营水平上的不足。虽然中国民航的规模和体量已经跻身世界前列，但在运营效率、服务质量、成本控制等方面，我们仍然与其他国家的民航企业存在明显的差距。这种"大而不精"的现象，不仅制约了中国民航的进一步发展，也影响了旅客的出行体验。我们要正视不足、积极改进，不断提升中国民航的运营水平和国际竞争力。只有这样，我们才能在未来的全球民航市场中占据更加重要的地位，为旅客提供更加优质、高效的服务。

考核评价

　　步骤一：老师首先利用多媒体设施播放关于劫机、炸机事件的相关视频，以此作为切入点，引导学生深入思考民航安全检查的重要性。

　　步骤二：老师组织学生有序地分成若干个小组。

　　步骤三：学生分组进行讨论，分享各自对安全检查工作的理解和看法。

　　步骤四：讨论结束后，每组推选一名代表上台，阐述"民航安全检查的重要性"。

　　步骤五：评分并填写考核评价表，如表1-1所示

表1-1　考核评价表

评价内容	分值	评分	备注
熟知民航安检工作的性质及任务	30		
能够准确描述民航安检工作的作用	30		
掌握民航安检工作的特点	30		
学生讨论积极，气氛热烈	10		

练一练

一、填空题

1. 安全检查，全称安全技术检查，是指在特定的区域内，为保障 _____ 、财产及 _____ 安全所采取的一种强制性检查。

2. 机智灵活是指安检人员在复杂情况下能 _____ 、 _____ ，从受检人员的言谈举止、行为装扮和神态表情中察言观色，发现可疑之处，不漏掉任何可疑人员和物品。

3. 安检人员应秉持全心全意为旅客服务的宗旨，确保检查规范、 _____ 、着装整洁、 _____ 、举止大方、 _____ 。

4. 在证件检查环节，安检人员负责核查旅客的 _____ 、 _____ 和登机牌，识别涂改、伪造、冒用及其他无效证件。

5. 安检人员应当进入 _____ 对等待登机的旅客实施 _____ ，防止其与未经安全检查的人员接触。

二、简答题

1. 民航安检工作的原则？

2. 民航安全检查的内容？

3. 民航安全检查的基本程序？

任务二　认识民航安检部门及安检员

学习目标

✓ 1. 了解民航安检部门的职能。

✓ 2. 了解民航安检部门的权限。

能力目标

✓ 1. 熟知并能在实际工作中执行民航安检部门各岗位的工作职责。

✓ 2. 熟知安检工作对民航安检员的能力要求。

任务导入

RENWU DAORU

　　不论是大学生还是退伍老兵，只要是加入了机场安检的队伍，首先面临的就是入职培训。培训课程内容包括：航空安全保卫法律法规、保安知识、安检专业基础知识、岗位管理规定和规章制度、职业道德规范、语言、着装、行为、礼仪规范、旅客服务规范、军训以及反恐器械操作等。为什么要进行这些内容的培训？你了解民航安检人员的工作内容吗？

一、民航安全检查部门的概念

民航安检机构是由民用运输机场管理机构、公共航空运输企业所设立的从事民航安检工作的专门机构。民用运输机场管理机构、公共航空运输企业应提供符合中国民用航空局（以下简称"民航局"）规定的人员、经费、场地及设施设备等保障，提供符合国家标准或者行业标准要求的劳动防护用品，保护民航安检从业人员劳动安全，确保民航安检机构的正常运行。民航局、中国民用航空地区管理局（以下统称"民航行政机关"）对民航安检工作进行指导、检查和监督。

民用运输机场管理机构应当设立专门的民航安检机构从事民航安检工作。公共航空运输企业从事航空货物、邮件和进入相关航空货运区人员、车辆、物品的安全检查工作的，应当设立专门的民航安检机构。

二、民航安检部门的职能与权限

（一）民航安检部门的职能

民航安检部门既是保障航空安全的重要职能部门，也是为旅客提供安全保障的服务部门，如图 1-3 所示。

图 1-3　民航安检部门提供安全保障

民航安检部门的职能主要包括安全职能和服务职能。安全职能主要体现在预防和制止劫持、炸机等犯罪活动，保护民航班机及旅客生命财产的安全。服务职能则包括：

（1）在保障安全的前提下，安检部门要全力确保航班的正常运行，避免因安检原因导致的飞机起飞延误；

（2）文明执勤，树立为旅客服务的思想，如遇到旅客有困难或遭遇紧急、突发情况，应积极应对、妥善处理。

（二）民航安检部门的权限

1.行政法规的执行权

民航安检部门作为保障航空安全的专业服务部门，拥有一支专业技术团队，负责执行国家法律及国务院、民航局、公安部等部门为确保航空安全而制定并发布的相关行政法规、规章和制度等规范性文件。因此，安全检查具有行政执法的性质。

2.检查权

民航安检部门的检查权涵盖以下几个方面：

（1）对乘机旅客的身份证件查验权，通过核查旅客身份证件，防止旅客使用假身份证件或冒用他人身份证件乘机，以便发现和查控通缉犯。

（2）对乘机旅客的人身检查权，包括使用仪器进行人身检查。

（3）对乘机旅客的行李物品检查权，包括使用仪器和手工开箱（包）检查。

（4）对货物、邮件的检查权。

（5）对进入候机隔离区的其他人员的证件查验权、人身检查权和物品检查权。

3.拒绝登机权

（1）在安全检查中，当发现有故意藏匿枪支、弹药、管制刀具、易燃、易爆等可能用于劫机、炸机的违禁品及危险品的旅客时，安检部门有权拒绝其登机，并将人与物一并移交机场公安机关审查处理。

（2）对于手续不符合规定、拒绝接受检查或存在其他可能危害航空安全行为的旅客，安检部门有权拒绝其登机。

4.候机隔离区监护权

（1）在候机隔离区未持续实施管制的情况下，使用前，安检部门应对候机隔离区进行清查。

（2）安检部门应派遣专员在候机隔离区内巡视，并对重点部位加强监控。

（3）经过安全检查的旅客应在候机隔离区内等待登机。如因航班延误或其他特殊原因离开候机隔离区，再次进入时应重新接受安全检查。

（4）候机隔离区内的商店不得出售可能危害航空安全的商品。商店运进的商品应经过安全检查，并接受安检部门的安全监督。

5.航空器监护权

（1）对出港、过港航空器实施监护。

（2）应机长请求，经机场公安机关或安检部门批准，安检人员可以进入机舱内进行清舱。

✈ 三、民航安检部门的主要岗位及职责

民航安检部门的主要岗位包括维序检查岗、验证检查岗、前传引导检查岗位、人身检查岗位等。各岗位的主要职责如下：

（一）维序检查岗位职责

（1）宣传、解释民航安检工作相关的法律法规、规章和政策，接受关于民航安检工作法律法规、规章和政策的咨询。

（2）观察待检区情况，对待检人员进行分类识别和分流疏导，引导待检人员正确使用特殊通道，维持待检区域秩序。如图1-4所示。

图1-4　维序检查岗位工作人员

（3）提示待检人员，做好检查前的准备工作。

（二）验证查验岗位职责

（1）对进入机场控制区的人员进行人、证对照，确保人、证信息一致。如图1-5所示。

图1-5　验证查验岗位工作人员

（2）核验旅客有效乘机身份证件的真伪及有效性，核验旅客乘机凭证的有效性，并确认乘机身份证件、乘机凭证上的姓名是否一致；采集旅客正面头像和旅客信息，录入民航安检信息管理系统，并加注安检验讫标识。

（3）核验机组人员、工作人员和其他人员进入机场控制区的证件真伪及有效性，并核录相关信息。

（4）合理控制通行人员的验放速度，确保流程高效且安全。

（5）按规定妥善处置不符合证件检查验放标准的人员。

（三）前传引导岗位职责

前传岗位安检人员的主要负责核查旅客登机牌是否加盖验讫章，确保旅客登机手续完备；协助旅客在X射线机传送带上正确摆放受检行李物品，确保行李物品能够顺利通过安检，如图1-6所示；告知旅客将随身携带的各类含金属的物品放入托盘内进行检查，以提高安检效率；引导旅客有序地通过安检门，确保安检流程顺畅进行。

图1-6　前传引导岗位工作人员引导帮助乘客摆放待检物品

（1）提示并协助待验人员将可能影响检查效果的物品（如钥匙、手机等）取出，放置于指定区域，确保待检物品不会干扰安检设备的正常运行。

（2）引导待检人员正确摆放待检行李物品，确保行李物品之间保持适当的间隔，以便安检设备能够准确检测。

（3）合理控制人员过检速度，避免人员拥堵，维护民航人身安检设备前的秩序，确保安检工作高效、有序进行。

（四）人身检查岗位职责

（1）引导受检人有序、高效地通过民航人身安检设备。

（2）对民航人身安检设备报警的人员进行手工人身检查，以排除安全疑点，如图 1-7 所示；对民航人身安检设备未报警的人员进行随机抽查。

（3）按规定妥善处置发现的民航禁限运输物品及携运人员。

图 1-7　进行人身检查

（五）开箱（包）检查岗位职责

（1）负责根据 X 射线机操作员的指示，对旅客的行李实施开箱（包）手工检查，如图 1-8 所示。

图 1-8　开箱（包）检查

（2）认真检查箱（包）内 X 射线机操作员指示的区域的每件物品，直至疑点排除，并将检查结果及时反馈给 X 射线机操作员。

（3）对液态、硅胶及粉末状物品进行重点检查，如有需要，可借助液态物品检查仪及炸药、毒品探测仪进行测试。

（4）检查出的违禁物品和限制物品应及时交值班领导处理，并负责将需要办理暂存物品的旅客移交至内勤人员。

（5）检查完毕后，协助旅客复原行李物品，并提醒旅客确保提取所有行李物品。

（6）疏导已检查完毕的旅客尽快离开安检现场，进入隔离区，同时维护好现场秩序。

（六）X射线机操作岗位职责

（1）负责对进入候机隔离区的所有行李物品进行安全检查，确保禁止危害航空安全的物品进入隔离区或带上航空器。

（2）严格按照操作规程正确使用X射线机，并深入了解X射线机的工作原理、性能及常见故障的排除方法。同时，注重仪器设备的日常维护保养，确保设备正常运行。

（3）认真观察并仔细鉴别监视器上受检行李图像中的物品形状、种类，准确发现、辨认违禁物品或可疑图像。如图1-9所示。一旦发现需要开箱（包）检查的行李或重点检查部位，应准确无误地通知开箱（包）检查员，并及时了解可疑物品的性质，根据实际情况做出相应处理。

图1-9 观察监视器图像

（4）一旦发现安检设备出现异常情况，应立即报告值班领导，以便及时采取相应措施。

（七）民用航空器监护岗位职责

（1）根据航班动态，按时进入监护岗位，做好民用航空器监护的准备工作，确保航空器的安全。

（2）严格检查登机工作人员的通行证件，并查验其携带的物品是否经过安全检查，未经安全检查的物品，不得带上民用航空器，如图1-10所示。

图1-10　检查工作人员证件

（3）密切注意航空器周围动态，防止无关人员和车辆进入监护区，确保航空器周围的安全环境。

（4）旅客登机时，监护人员应站立于登机门或登机通道旁，维护登机旅客的秩序，确保旅客有序登机，并严禁旅客在登机行进期间与外界人员接触或传递危害航空安全的物品。

（5）检查旅客登机牌是否加盖验讫章，防止送行、无证等人员进入客机坪、接近或登上航空器，确保航空器的安全。

（6）在出、过港民用航空器关闭舱门准备滑行时，监护人员应退至安全线以外，记载飞机号和起飞时间后，方可撤离现场，确保自身安全。

（7）接受和移交航空器监护任务时，应当与机务人员办理交接手续，填写相关记录，双方签字确认，确保任务交接的准确性和完整性。

四、民航安全检查员的能力要求

民航安全检查员是对进入民用航空运输机场控制区的人员、物品、车辆、航空货物、航空邮件等实施安全技术检查的人员，承担民航空防安全保卫工作和国家反恐安保工作职责。

（一）职业技能等级

本职业共设五个等级，分别为：五级／初级工、四级／中级工、三级／高级工、二级／技师、一级／高级技师。

安全员成长路径

（二）职业能力特征

具有较强的表达能力、空间感、形体知觉和嗅觉，手指、手臂灵活，动作协调；无残疾，无重听，无口吃，无色盲、色弱。

（三）职业守则

（1）爱岗敬业，忠于职守。

（2）钻研业务，提高技能。

（3）遵纪守法，严格检查。

（4）规范执勤，优质服务。

（5）团结友爱，协作配合。

（四）基础知识

1.民用航空概述

（1）民航发展史。

（2）机场的基本知识。

（3）公共航空运输企业的基本知识。

2.民航运输基础知识

（1）航空器的基本知识。

（2）民航客、货运输基础知识。

3.民航安全检查概述

（1）民航安全检查发展史。

（2）民航安全检查机构概述。

（3）民航安全检查设施设备概述。

（4）安全检查各岗位工作职责概述。

（5）安检工作的基本程序概述。

4.航空安全保卫法律法规知识

（1）《航空安全保卫国际公约》相关知识。

（2）《中华人民共和国民用航空法》相关知识。

（3）《中华人民共和国反恐怖主义法》相关知识。

（4）《中华人民共和国治安管理处罚法》相关知识。

（5）《中华人民共和国民用航空安全保卫条例》相关知识。

（6）《民用航空安全检查规则》相关知识。

（7）《民用航空安全检查工作手册》相关知识。

（8）《民用航空危险品运输管理规定》相关知识。

（9）《民用航空运输机场航空安全保卫规则》相关知识。

（10）《民用航空货物运输安全保卫规则》相关知识。

（11）《中国民用航空安全检查设备管理规定》相关知识。

（12）《民航旅客禁止随身携带和托运物品目录》相关知识。

（13）《民航旅客限制随身携带或托运物品目录》相关知识。

5.劳动保护知识

（1）安全检查设备的操作规范与安全防护知识。

（2）劳动法相关知识。

6.英语知识

（1）安全检查常用工作词汇。

（2）安全检查常用工作会话。

7.服务、礼仪基本知识

（1）言谈、举止、着装规范。

（2）安检沟通服务技巧。

（3）称呼与礼貌用语。

（4）国内少数民族和外国风土人情常识。

（5）心理学基础知识。

（6）涉外工作常识。

阅读与思考
YUEDU YU SIKAO

1.航空运输基础知识：安检人员服务于民航，应熟练掌握民航运输设备、航线时间安排、航空公司概况、客货运流程等相关知识。

2. 机场运行安保知识：基于安全考虑，机场内部会划分出若干安全保卫区域，必要时需采取通行限制或封闭等必要措施。因此，安检人员需熟悉机场的基本情况，包括管制区域及相关设施、隔离区的安全监控程序，以及航空港内航空器的管理。

3. 联检部门工作常识：航空港安全检查人员在日常工作中需与内部或外部多部门协作、配合，特别是在与公安边防、卫生防疫等职能部门协同合作时，应严格遵循双方工作标准条例，规范操作，共同维护航空港的安全。

4. 劳动保护知识：安检员在维护航空港安全的同时，也应保护好自身财产安全，如掌握安全技术设备的 X 光射线自我保护方法、危险品的防护等。在自身权益受到侵害时，应果断运用法律武器维护权益。安检人员应详细了解劳动法和劳动者的权利义务，确保在依法安检的同时保护自身和他人的安全和权益。

5. 英语知识：安检人员作为航空港的基层服务人员，除安全检查工作外，还需积极应对航空港内可能发生的紧急或突发事件。作为公共开放场所和外事活动开展地，安检人员应具备扎实的英语理解和表达能力。五级安检人员应熟练掌握登记手续办理、航班延误、安检流程、行李货物检查等方面的英语知识，并具备基本口语表达能力，以更好地为旅客服务。

考核评价

各组编写以安检为主题的情景剧，确保涵盖以下角色：维序检查岗、验证检查岗、前传引导检查岗位、人身检查岗位、开箱包检查岗、X 射线机操作岗、民用航空器监护岗以及乘客。

组内自行分配角色，并根据情景剧内容进行演练。老师点评后给出评分并填写考核评价表，如表 1-2 所示。

表 1-2　考核评价表

评价内容	分值	评分	备注
熟知民航安检各岗位的工作内容	30		
能够准确描述民航安检工作需要提高的地方	30		
掌握各岗位安检工作的特点	30		
学生讨论积极，气氛热烈	10		

练—练

一、填空题

1. 民航安检部门既是保障航空安全的_____，也是为旅客提供安全保障的_____。

2. 通过核查旅客身份证件，防止_____或_____乘机，以便发现和查控通缉犯。

3. 旅客登机时，监护人员应站立于_____或_____旁，维护登机旅客的秩序，确保旅客有序登机，并严禁旅客在登机行进期间与_____接触或传递_____。

4. 在出、过港民用航空器关闭舱门准备滑行时，监护人员应退至安全线以外，记载_____和_____后，方可撤离现场，确保自身安全。

5. 民航安全检查员是对进入_____的人员、物品、车辆、航空货物、航空邮件等实施_____的人员，承担民航空防安全保卫工作和国家反恐安保工作职责。

二、简答题

1. 什么是民航安全检查部门？

2. 民航安检部门的权限有哪些？

3. 民航安检部门的主要岗位包括哪些？

4. 成为一名民航安检员有哪些能力要求？

任务三　掌握民航安全检查相关法律法规

学习目标

✓ 1.熟悉航空安全保卫的相关国际组织。

✓ 2.熟悉航空安全保卫的相关国际公约。

✓ 3.掌握《中华人民共和国民用航空法》《中华人民共和国民用航空安全保卫条例》《中国民用航空安全检查规则》的相关内容。

能力目标

✓ 1.能识别安检工作中的一些违法行为。

✓ 2.能依据有关法律法规处理安检工作中的一些问题。

任务导入
RENWU DAORU

　　2020年5月20日，某市机场内，一位女子在接受安检时，安检人员告知她搭乘飞机需扫码进行实名认证。然而，由于该女子的手机没电，她拒绝了安检人员的要求。随后，安检人员提出可以使用身份证进行实名登记，但女子仍然拒绝，并表示不满，进而对安检人员进行了辱骂，并实施了殴打行为。

　　最终，该市公安局分局依据《中华人民共和国治安管理处罚法》的相关规定，对该女子处以行政拘留5日，并罚款五百元的处罚。

　　思考：在安检过程中，你会运用到哪些相关的法律法规？如果你作为一名安检人员，面对案例中类似的乘客，你会选择息事宁人，还是依法维护自己的权益和机场的秩序？

知识准备 ✈
ZHISHI ZHUNBEI

✈ | 一、国际民用航空组织

国际民用航空组织（英文缩写为 ICAO）是联合国负责处理国际民航事务的专门机构，也是《芝加哥公约》的产物。该组织致力于研究国际民用航空问题，制定各种民航技术标准和航行规则，其总部设立在加拿大的蒙特利尔市。

为了解决民用航空发展中的国际航空运输业务权等国际性问题，1944 年 11 月 1 日至 12 月 7 日，52 个国家在美国芝加哥举行了国际民用航空会议，并签订了《国际民用航空公约》（通称《芝加哥公约》）。按照公约规定，临时国际民航组织（PICAO）随之成立。1947 年 4 月 4 日，《芝加哥公约》正式生效，国际民用航空组织也因此正式成立。同年 5 月 13 日，该组织正式成为联合国的一个专门机构，简称"国际民航组织"。国际民航组织标志如图 1-11 所示。

图 1-11　国际民航组织标志

国际民航组织的宗旨和目的在于发展国际航行的原则和技术，并促进国际航空运输的规划和发展，以便实现下列各项目标：

（1）确保全世界国际民用航空安全、有序地发展。

（2）鼓励为和平用途的航空器的设计和操作技术。

（3）鼓励发展国际民用航空器应用的航路、机场和航行设施。

（4）满足世界人民对安全、正常、有效的经济的航空运输的需要。

（5）防止因不合理的竞争而造成经济上的浪费。

（6）保证各缔约国的权利充分受到尊重，每个缔约国均有经营国际空运企业的公平机会。

（7）避免各缔约国之间的差别待遇。

（8）促进国际航行的飞行安全。

（9）普遍促进国际民用航空在各方面的发展。

以上目标共涉及国际航行和国际航空运输两个方面的问题。前者为技术问题，主要是安全；后者为经济和法律问题，主要是公平合理，尊重主权。两者的共同目的是保证国际民航安全、正常、有效、有序地发展。

国际民航组织为贯彻其宗旨，实现各项目标，制定并统一了国际民航技术标准和国际航行规则；协调世界各国国际航空运输的方针政策，推动多边航空协定的制定，简化联运手续，汇编各种民航业务统计，制定航路导航设施和机场设施服务收费原则；研究国际航空公法和影响国际民航私法中的问题；向发展中国家提供民航技术援助；组织联营公海上或主权未定地区的导航设施与服务；出版月刊《国际民航组织公报》及其他一些民航技术经济和法律文件。

国际民航组织的主要工作是：制定国际航空和安全标准，收集、审查、发布航空情报，也作为法庭解决成员国之间与国际民用航空有关的任何争端，防止不合理竞争造成经济浪费，确保飞行安全等。

我国是国际民航组织的创始国之一。旧中国政府于1944年签署了《国际民用航空公约》，并于1946年正式成为会员国。1971年，国际民航组织通过决议，承认中华人民共和国政府作为中国唯一合法代表。1974年，我国承认《国际民用航空公约》并参加国际民航组织的活动。同年，我国当选为二类理事国。2004年，在国际民航组织第35届大会上，我国当选为一类理事国。蒙特利尔设有中国常驻国际民航组织理事会代表处。2013年9月28日，中国在蒙特利尔召开的国际民航组织第38届大会上再次当选为一类理事国，这是自2004年以来，中国第四次连任一类理事国。

✈ | 二、《国际民用航空公约》

国际民用航空组织于1944年12月7日通过了《国际民用航空公约》，因其在美国城市芝加哥签订，故又称《芝加哥公约》。该公约是关于国际民用航空最重要的现行国际公约，也是国际民用航空活动的宪章性文件。

《国际民用航空公约》的附件，又称为"国际标准和建议措施"，是国际民航组织在《国际民用航空公约》框架下制定的，对民航领域各项活动具有约束力的技术文件。随着民航形势和技术的发展，国际民航组织会逐年讨论、修改和完善这些文件。截至目前，国际民航组织已经制定了 18 个附件。

1974 年 3 月 22 日，国际民航组织理事会通过了关于保安的标准和建议措施，并将其制定为附件 17，即《航空保安——保护国际民用航空免遭非法干扰行为》。该附件为国际民航组织民用航空保安方案和寻求防止对民用航空及其设施进行非法干扰行为奠定了基础。

附件 17 规定：在防止对国际民用航空非法干扰行为的所有相关事务中，确保旅客、机组、地面人员以及一般公众的安全是每个缔约国的首要目标。

附件 17 中的条款是基于国际标准提出的建议和措施，对我国机场、航空公司的保安工作和安全检查具有重要的指导意义。各机场当局和航空公司应根据这些标准和建议，结合我国政府有关航空安全的法规、指令、规章，制定适合本机场和公司的航空安全保卫规划。

✈ 三、《中华人民共和国民用航空法》

《中华人民共和国民用航空法》旨在维护国家的领空主权和民用航空权利，确保民用航空活动安全、有序进行，保护民用航空活动当事人各方的合法权益，并促进民用航空事业的发展。本法于 1995 年 10 月 30 日由第八届全国人民代表大会常务委员会第十六次会议通过，并以中华人民共和国主席令第 56 号公布，自 1996 年 3 月 1 日起正式实施，如图 1-12 所示。

图 1-12 中华人民共和国民用航空法

（一）《中华人民共和国民用航空法》关于安全检查的规定

关于公共航空运输企业及旅客的规定如下：

第一百条 公共航空运输企业不得运输法律、行政法规规定的禁运物品。

公共航空运输企业未经国务院民用航空主管部门批准，不得运输作战军火、作战物资。

禁止旅客随身携带法律、行政法规规定的禁运物品乘坐民用航空器。

第一百零一条　公共航空运输企业运输危险品，应当遵守国家有关规定。

禁止以非危险品品名托运危险品。

禁止旅客随身携带危险品乘坐民用航空器。除因执行公务并按照国家规定经过批准外，禁止旅客携带枪支、管制刀具乘坐民用航空器。禁止违反国务院民用航空主管部门的规定将危险品作为行李托运。

危险品品名由国务院民用航空主管部门规定并公布。

第一百零二条　公共航空运输企业不得运输拒绝接受安全检查的旅客，不得违反国家规定运输未经安全检查的行李。

公共航空运输企业必须按照国务院民用航空主管部门的规定，对承运的货物进行安全检查或者采取其他保证安全的措施。

第一百零三条　公共航空运输企业从事国际航空运输的民用航空器及其所载人员、行李、货物应当接受边防、海关等主管部门的检查；但是，检查时应当避免不必要的延误。

（二）《中华人民共和国民用航空法》关于对藏匿携带枪支、弹药、管制刀具乘坐航空器的处罚规定

第一百九十三条　违反本法规定，隐匿携带炸药、雷管或者其他危险品乘坐民用航空器，或者以非危险品品名托运危险品的，依照刑法有关规定追究刑事责任。

企业事业单位犯前款罪的，判处罚金，并对直接负责的主管人员和其他直接责任人员依照前款规定追究刑事责任。

隐匿携带枪支子弹、管制刀具乘坐民用航空器的，依照刑法有关规定追究刑事责任。

✈ 四、《中华人民共和国民用航空安全保卫条例》

（一）对机场管控区划分的规定

第十一条　机场控制区应当根据安全保卫的需要，划定为候机隔离区、行李分检装卸区、航空器活动区和维修区、货物存放区等，并分别设置安全防护设施和明显标志。

第三十九条　本条例下列用语的含义：

"机场控制区"，是指根据安全需要在机场内划定的进出受到限制的区域。

"候机隔离区"，是指根据安全需要在候机楼（室）内划定的供已经安全检查的出港旅客等待登机的区域及登机通道、摆渡车。

"航空器活动区"，是指机场内用于航空器起飞、着陆以及与此有关的地面活动区域，包括跑道、滑行道、联络道、客机坪。

（二）对在航空器活动和维修区内的人员、车辆的规定

第十四条　在航空器活动区和维修区内的人员、车辆必须按照规定路线行进，车辆、设备必须在指定位置停放，一切人员、车辆必须避让航空器。

（三）对机长在执行职务时行使权力的规定

第二十三条　机长在执行职务时，可以行使下列权力：

（一）在航空器起飞前，发现有关方面对航空器未采取本条例规定的安全措施的，拒绝起飞；

（二）在航空器飞行中，对扰乱航空器内秩序，干扰机组人员正常工作而不听劝阻的人，采取必要的管束措施；

（三）在航空器飞行中，对劫持、破坏航空器或者其他危及安全的行为，采取必要的措施；

（四）在航空器飞行中遇到特殊情况时，对航空器的处置作最后决定。

（四）对航空器内禁止行为的规定

第二十五条　航空器内禁止下列行为：

（一）在禁烟区吸烟；

（二）抢占座位、行李舱（架）；

（三）打架、酗酒、寻衅滋事；

（四）盗窃、故意损坏或者擅自移动救生物品和设备；

（五）危及飞行安全和扰乱航空器内秩序的其他行为。

五、《中国民用航空安全检查规则》

《中国民用航空安全检查规则》是民用航空安全工作的规范性文件，于1995年5月

14 日中国民用航空总局局务会议通过并予以公布，自 1999 年 6 月 1 日起施行。2016 年 9 月 2 日，交通运输部发布交通运输部令 2016 年第 76 号《民用航空安全检查规则》，公布了新版民用航空安全检查规则，自 2017 年 1 月 1 日起施行，1999 年施行的《中国民用航空安全检查规则》同时废止。

《中国民用航空安全检查规则》共九章 92 条，分别就民航安全检查目的和适用范围、一般要求、民航安全检查机构运行、民航安全检查员、民航安全检查设备、民航按去哪检查工作实施、民航安全检查工作特殊情况处置、监督检查、法律责任等方面做了系统规定。其中，总则的主要内容如下：

第一条　为了规范民用航空安全检查工作，防止对民用航空活动的非法干扰，维护民用航空运输安全，依据《中华人民共和国民用航空法》《中华人民共和国民用航空安全保卫条例》等有关法律、行政法规，制定本规则。

第二条　本规则适用于在中华人民共和国境内的民用运输机场进行的民用航空安全检查工作。

第三条　民用航空安全检查机构（以下简称"民航安检机构"）按照有关法律、行政法规和本规则，通过实施民用航空安全检查工作（以下简称"民航安检工作"），防止未经允许的危及民用航空安全的危险品、违禁品进入民用运输机场控制区。

第四条　进入民用运输机场控制区的旅客及其行李物品，航空货物、航空邮件应当接受安全检查。拒绝接受安全检查的，不得进入民用运输机场控制区。国务院规定免检的除外。

旅客、航空货物托运人、航空货运销售代理人、航空邮件托运人应当配合民航安检机构开展工作。

第五条　中国民用航空局、中国民用航空地区管理局（以下统称"民航行政机关"）对民航安检工作进行指导、检查和监督。

第六条　民航安检工作坚持安全第一、严格检查、规范执勤的原则。

第七条　承运人按照相关规定交纳安检费用，费用标准按照有关规定执行。

✈ 六、《中华人民共和国治安管理处罚法》的相关规定

第二十三条　有下列行为之一的，处警告或者二百元以下罚款；情节较重的，处五日以上十日以下拘留，可以并处五百元以下罚款：

（一）扰乱机关、团体、企业、事业单位秩序，致使工作、生产、营业、医疗、教学、科研不能正常进行，尚未造成严重损失的；

（二）扰乱车站、港口、码头、机场、商场、公园、展览馆或者其他公共场所秩序的；

（三）扰乱公共汽车、电车、火车、船舶、航空器或者其他公共交通工具上的秩序的；

（四）非法拦截或者强登、扒乘机动车、船舶、航空器以及其他交通工具，影响交通工具正常行驶的；

（五）破坏依法进行的选举秩序的。

聚众实施前款行为的，对首要分子处十日以上十五日以下拘留，可以并处一千元以下罚款。

第二十五条　有下列行为之一的，处五日以上十日以下拘留，可以并处五百元以下罚款；情节较轻的，处五日以下拘留或者五百元以下罚款：

（一）散布谣言，谎报险情、疫情、警情或者以其他方法故意扰乱公共秩序的；

（二）投放虚假的爆炸性、毒害性、放射性、腐蚀性物质或者传染病病原体等危险物质扰乱公共秩序的；

（三）扬言实施放火、爆炸、投放危险物质扰乱公共秩序的。

第三十条　违反国家规定，制造、买卖、储存、运输、邮寄、携带、使用、提供、处置爆炸性、毒害性、放射性、腐蚀性物质或者传染病病原体等危险物质的，处十日以上十五日以下拘留；情节较轻的，处五日以上十日以下拘留。

第四十三条　殴打他人的，或者故意伤害他人身体的，处五日以上十日以下拘留，并处二百元以上五百元以下罚款；情节较轻的，处五日以下拘留或者五百元以下罚款。

有下列情形之一的，处十日以上十五日以下拘留，并处五百元以上一千元以下罚款：

（一）结伙殴打、伤害他人的；

（二）殴打、伤害残疾人、孕妇、不满十四周岁的人或者六十周岁以上的人的；

（三）多次殴打、伤害他人或者一次殴打、伤害多人的。

阅读与思考
YUEDU YU SIKAO

有关航空安全保卫的国际公约

空中劫持事件的历史可追溯到1933年的秘鲁。二战结束后的1947年，再次出现了劫机事件。到了20世纪60年代，这类事件急剧上升，仅在1960年至1977年间，全球就发生了超过550起劫机事件。当时，频繁的劫持飞机和破坏民航设施的行为严重威胁了旅客的生命和财产安全，引起了国际社会的深切关注。为了应对这一全球性问题，各国纷纷采取行动，并在这一背景下制定了《东京公约》《海牙公约》和《蒙特利尔公约》，旨在要求缔约国对劫机犯罪嫌疑人实施严厉的惩罚。

一、《东京公约》

《东京公约》全称《关于在航空器内犯罪和犯有某些其他行为的公约》，于 1963 年 9 月 14 日在东京签订，并于 1969 年 12 月 4 日正式生效。我国于 1978 年 11 月 14 日递交了加入书，该公约于 1979 年 2 月 12 日在我国生效。

《东京公约》的主要目标包括：

（1）确保航空器登记国对在航空器内发生的犯罪和违法行为拥有管辖权，以便处罚犯罪者。

（2）授权机长在认为某人在航空器内已犯有或即将犯有危害航空器安全、扰乱秩序或纪律的行为时，采取适当的措施，包括必要的管束措施，并在航空器降落后将该人移交给相关国家的当局。

当航空器内的某人非法使用暴力或暴力威胁，干扰、劫持或非法控制飞行中的航空器时，缔约国应采取一切适当措施恢复或维护合法机长对航空器的控制。同时，航空器降落地的缔约国应允许旅客和机组成员尽快继续旅行，并将航空器和所载货物交还给合法所有人。

关于调查和拘留犯罪嫌疑人的程序，机长有理由认为在航空器内犯有严重罪行的人，可将其移交给航空器降落地任何缔约国的主管当局。降落地缔约国应立即进行初步调查，并通知航空器登记国和被拘留人的本国，说明是否打算行使管辖权。如有必要，应立即采取拘留或其他措施，确保犯人及被移交给它的人仍在境内。这些措施必须符合该国法律规定，并且仅在提出刑事诉讼或引渡犯罪嫌疑人所必要的期间内维持。

非登记国也可以根据一定条件行使刑事管辖权。虽然管辖权主要给予航空器登记国，但《东京公约》也允许非登记国的缔约国在以下情况下对航空器内的犯罪行使刑事管辖权：犯罪行为发生在该国领土上；犯人或受害人为该国国民或在该国有永久居所；犯罪行为危及该国的安全；犯罪行为违反该国现行的有关航空器飞行或驾驶的规定或规则；以及该国必须行使管辖权以履行其根据多边国际协定所承担的义务。然而，《东京公约》不适用于供军事、海关或警察使用的航空器。

二、《海牙公约》

《海牙公约》，全称为《关于制止非法劫持航空器的公约》，于 1970 年 12 月 16 日在海牙签订，并于 1971 年 10 月 14 日生效。我国于 1980 年 9 月 10 日递交了加入书，该公约于同年 10 月 10 日对我国生效。

《海牙公约》旨在补充《东京公约》的不足，特别关注非法劫持或控制飞行中航空器的行为以及相应处罚措施。该公约定义"犯罪"为：在飞行中的航空器内的任何人，使用暴力、暴力威胁或其他恐吓方式，非法劫持或控制航空器，或企图进行此类行为；或从犯上述行为的人。

面对这些犯罪行为，缔约国承担双重义务：一是采取一切适当措施恢复或维护合法机长对航空器的控制，确保旅客和机组人员能尽快继续旅行，并将航空器所载货物交还给合法所有人；二是如犯罪嫌疑人在其领土内，应立即采取拘留或其他措施以确保其留在境内。

由于空中劫持严重威胁旅客安全、个人和国家财产，以及社会安全与国际和平，因此被视为严重的刑事犯罪，应受到严厉惩处。根据《海牙公约》，各缔约国承诺对犯罪行为给予严厉惩罚。若在其境内发现嫌疑犯，不论犯罪是否在该国发生，该国应将其引渡或提交给有关当局起诉，并依据本国法律予以判决。此外，该公约还规定犯罪为可引渡罪行，并鼓励缔约国在将来缔结的引渡条约中纳入此规定。

为避免可能缺乏刑事管辖权，公约采取共同管辖原则，包括：犯罪发生在该国登记的航空器内；犯罪发生时嫌疑犯仍在航空器内且该航空器在该国降落；犯罪发生在租来不带机组的航空器内，且租机人的主要业务地点或永久居所在该国。此外，公约不排除根据嫌疑犯本国法行使刑事管辖权，并要求缔约国采取必要措施规定其对相关罪行的管辖权。

该公约仅适用于起飞地点或实际降落地点在航空器登记国领土以外的犯罪案件，不论该航空器是进行国际飞行还是国内飞行。若犯罪嫌疑人在航空器登记国以外的一国领土内被发现，则不论航空器的起飞或降落地点，相关拘留、引渡、起诉和判刑等规定均适用。

三、《蒙特利尔公约》

《蒙特利尔公约》，全称《关于制止危害民用航空安全的非法行为的公约》，于 1971 年 9 月 23 日在蒙特利尔签订，并于 1973 年 1 月 26 日生效。我国于 1980 年 9 月 10 日递交了加入书，该公约于同年 10 月 10 日对我国生效。

鉴于危害民用航空安全的非法行为对人身、财产安全和航班正常运行的严重威胁，本公约旨在采取适当措施以惩罚犯罪行为。公约定义如下犯罪行为：

（1）对飞行中航空器内的人实施暴力，危及航空器安全。

（2）破坏或损坏使用中的航空器，致使其无法飞行或危及飞行安全。

（3）在使用中的航空器内放置或使他人放置可能破坏或损坏航空器、使其无法飞行或危及飞行安全的装置或物质，如炸弹、炸药。

（4）破坏或损坏航行设备，妨碍其正常工作，若此行为将危及飞行中航空器的安全。

（5）传递虚假情报，危及飞行中的航空器。

犯有或企图犯上述罪行的人的从犯，同样被视为犯罪。各缔约国承诺对上述罪行给予严厉惩罚。

若因上述罪行导致飞行延误或中断，旅客和机组所在的任何缔约国应尽快为旅客和机组提供继续旅行的便利，并将航空器和所载货物交还给合法所有人。犯罪嫌疑人所在的缔约国在必要时，应采取拘留或其他措施以确保其留在境内，但这些措施仅限于为提起刑事诉讼或引渡程序所必需的期间内。该国应立即进行初步调查，并为被拘留者提供协助，以便与其本国代表联系。

当一国拘留某人时，应立即通知罪行发生地的国家和被拘留人国籍所属国。初步调查结束后，该国应尽快将调查结果通知上述国家，并表明是否打算行使管辖权。发现嫌疑犯的缔约国，若选择不引渡，应无例外地将此案提交其主管当局起诉，并依照本国法律进行判决，与对待其他严重普通罪行的案件方式相同。

考核评价

老师准备民航安全保卫法律法规问题及案例，组织学生进行三轮竞答。前两组为竞答队伍，完整回答并指出案例中的违法条款。第三组选派主持人，其余为评委，记录并指出错误。未参与第一轮的小组参与第二轮竞答，第一轮队伍担任主持和评委。最后评分并填写评价表，如表 1-3 所示。

表 1-3　考核评价表

评价内容	分值	评分	备注
熟知国际民航组织和国际航协相关知识	30		

续表

评价内容	分值	评分	备注
熟知航空安全保卫的相关国际公约的内容	30		
熟知中国航空安全保卫相关的法律法规或规定的相关内容	30		
能够根据案例进行准确判断	10		
学生积极参与，气氛热烈			

练一练

一、填空题

1. 国际民用航空组织（英文缩写为 ICAO）是联合国负责处理国际民航事务的专门机构，也是《芝加哥公约》的产物。该组织致力于研究 _____ ，制定各种 _____ 和航行规则，其总部设立在加拿大的蒙特利尔市。

2. 《中华人民共和国民用航空法》旨在维护 _____ 主权和 _____ 权利，确保民用航空活动安全、有序进行，保护 _____ 的合法权益，并促进民用航空事业的发展。

3. 公共航空运输企业从事国际航空运输的民用航空器及其所载 _____ 、_____ 、_____ 应当接受边防、海关等主管部门的检查；但是，检查时应当避免不必要的延误。

4. "_____"，是指根据安全需要在候机楼（室）内划定的供已经安全检查的出港旅客等待登机的区域及登机通道、摆渡车。

5. 殴打他人的，或者故意伤害他人身体的，处 _____ 以下拘留，并处 _____ 罚款；情节较轻的，处五日以下拘留或者五百元以下罚款。

二、简答题

1. 有关航空安全保卫的国际公约包括哪些？

2. 机长在执行公务时有哪些权利？

3. 安检人员在面对旅客的殴打时可以利用哪条法律维护自身权益？

任务四　掌握民航安检人员的职业道德规范

学习目标

✓ 1.了解职业道德的基本含义。

✓ 2.掌握职业道德在职业实践中的重要作用。

能力目标

✓ 1.熟知安检人员职业道德规范的核心要求，并能够将其作为安检工作日常行为的基本准则。

✓ 2.能够熟练运用安检人员职业道德规范的具体内容，并以其指导和规范安检工作的各个环节。

任务导入 RENWU DAORU

在安检过程中，乘客与安检人员发生口角，进而升级至肢体冲突。乘客首先动手打了安检人员两拳，安检人员随后回击并将乘客打倒在地，并进行了脚踹等动作。此事在网上引起了广泛讨论，有观点认为无论情况如何，安检人员不应动手，应寻求警方介入处理；也有观点认为安检人员的行为属于正当防卫，但脚踹行为可能过当。你如何看待这一事件？如果你是该安检人员，你将如何应对此类情况？

知识准备 ZHISHI ZHUNBEI

职业道德规范是职业道德的基本内涵，它是人们在长期的职业活动中积累形成的，也是对人们在职业活动中必须遵循的基本行为准则的提炼和总结。职业道德教育的根本任务是提高受教育者的职业道德素养，调整其职业行为，使受教育者能够养成崇高的敬业精神、严明的职业纪律和高尚的职业荣耀感。

✈ | 一、安检人员职业道德规范的基本要求

在我国，安检人员职业道德规范是社会主义职业道德在民航安检职业活动中的具体体现。它既是安检人员处理执业活动中各种关系的行为准则，又是评价安检人员职业行为的标准。

（一）树立风险忧患意识

随着国际国内社会形势的不断变化，恐怖犯罪分子时刻在寻找犯罪机会，千方百计地变换手段企图劫机，空防安全的风险和危险无时不在。安检人员的工作正是要把威胁空防安全的人或物阻截在地面，有效预防和制止劫机、炸机等事件的发生。安全检查工作中的每一分钟，都是在与影响民航空防安全的隐患作斗争。因此，每位安检人员必须牢固树立风险忧患意识，坚决克服松懈、麻痹等心理障碍，保持高度警惕的精神状态，力求将各种不安全的隐患及时消除在萌芽状态。

（二）强化安全责任意识

任何职业都要承担一定的职业责任，忠实履行责任是必须的。安检的每一个岗位，都与旅客生命和财产的安全密不可分，安检工作无小事，案件责任重如泰山。安检人员要从认识上、情感上、信念上以至于习惯上养成忠于职守的主动性，做到人在岗位，心系安全，明确肩负的安全责任。检查过程中要严格按照安检的规范程序进行操作，不能嫌麻烦、省程序，杜绝任何不负责任、玩忽职守的态度和行为，坚决避免因无视职业责任造成的安全隐患。

（三）培养文明服务意识

文明服务，是社会主义精神文明和职业道德建设的重要内容，也是社会主义社会人与人之间平等团结、互助友爱的新型人际关系的体现。安检工作既有检查的严肃性，又有服务的文明性。相比乘坐火车、汽车等交通工具而言，许多旅客选择乘坐飞机出行，就是冲着民航的优质服务来的，安检服务无疑包括其中。

因此，安检人员要文明执勤，就必须做到仪容仪表、语言行为和礼节的规范化。安检人员优质的文明服务，可以增强旅客对安检措施的配合程度，使安全检查的措施和手段能够顺利实施并取得良好效果，同时塑造安检队伍良好的文明形象。

（四）确立敬业奉献意识

安检的职业特点要求安检人员必须把确保空防安全放在职业道德规范的首位，要求安检人员具有强烈的事业心、高度的责任感和精湛的技术技能，具有严格的组织纪律观念和高效率、快节奏的工作作风，具有良好的思想修养及服务态度。而要做到这些要求，没有无私的敬业奉献精神是万万不行的。

因此，安检人员要确立敬业奉献意识，热爱自己的事业、恪尽职守、精益求精、无私奉献，不断加强学习，增强对各种危险物品的查验能力，持续提升安检业务技能水平。

✈ | 二、安检人员职业道德规范的基本内容

安检人员职业道德规范，是在确保民航安全的前提下，以全心全意为人民服务和集体主义为道德原则，将"保证安全第一，改善服务工作，争取飞行正常"切实融入安检人员的职业行为中，树立敬业、勤业、乐业的良好道德风尚。根据民航安检工作的职业特点，安检人员职业道德规范的基本内容可归纳为以下几个方面。

（一）爱岗敬业，忠于职守

"爱岗敬业，忠于职守"即热爱本职工作，忠实履行职业责任，这既是为人民服务的基本要求，也是社会主义国家对每一个从业人员的起码要求。任何职业都承载着一定的职业责任，只有每个从业者都自觉履行，社会生活才能有序进行。因此，对于安检人员来说，要培养高度的职业责任感，以主人翁的态度对待工作，养成忠于职守的自觉性。

"爱岗敬业，忠于职守"是安检人员最基本的职业道德，其基本要求包括：

1. 忠实履行岗位职责，认真做好本职工作

安检人员应始终将国家和人民的利益放在首位，认真承担职业责任并履行义务。不论是查验证件、进行人身和行李物品的安全检查，还是监护飞机，都应兢兢业业，忠于职守。

2. 以主人翁的态度对待本职工作

每名安检人员都是民航事业发展的参与者和贡献者。安检工作是民航整体的重要组成

部分，安检人员应自觉摆正个人与民航整体的关系，树立"民航发展我发展，民航兴旺我兴旺，民航安全我安全"的整体观念。此外，安检人员还应具备高度的责任感和强烈的事业心，积极为民航的发展献计献策，主动为空防安全分忧解难。

3. 树立以苦为乐的幸福感

安检人员应正确对待个人的物质利益和劳动报酬，克服拜金主义、享乐主义和极端个人主义的倾向，乐于为安检工作做贡献。

4. 坚决反对玩忽职守的渎职行为

安检人员在职业活动中是否尽职尽责，不仅关乎个人利益，更关乎国家和人民生命财产的安全。玩忽职守、失职失责的行为，既会影响民航运输的正常秩序，也会使国家和人民的利益受损，严重的还将构成渎职罪、玩忽职守罪、重大责任事故罪，受到法律的制裁。

（二）钻研业务，提高技能

职业技能，也称为职业能力，是人们为了胜任某一具体职业而必须具备的多种能力的综合。它涵盖了实际操作能力、业务处理能力、技术能力以及相关的理论知识等。

"钻研业务，提高技能"是安检职业道德规范的重要组成部分。掌握职业技能，是安检人员胜任安检工作的必要条件。安检人员不仅要完成验证、操作仪器、设备维修等技术性工作，还要准确无误地从各式各样的物品中查出违禁品，这仅凭责任心是不够的，还需要具备较强的业务技能。因此，刻苦钻研业务知识，精通业务技能，是每一位安检人员迫在眉睫的紧迫任务。

安检人员提高业务技能应练就以下三个基本功：

1. 系统学习安检基础理论

安检人员应系统学习安检基础理论，包括安检政策法规、民航运输基础理论、飞机构造基础知识、防爆排爆基础理论、法律基础知识、计算机基础知识、常用英语基础知识、心理学基础知识、外事知识、世界各国风土人情和礼节礼仪知识等。

2. 精湛的业务操作技能

在安检工作中，无论是证件检查、人身检查、开箱（包）检查，还是X射线机检查、机器故障的检测维修、飞机监护与清查，都是技术密集型的工作，需要安检人员掌握精湛的业务操作技能。因此，每个安检人员都应当做到一专多能，技能上精益求精，努力成为岗位技术能手。

3. 灵活的现场应急处置能力

安检现场是一个旅客流动量大的场所，安检人员常常要面对复杂多变的情况以及突发的意外问题。因此，拥有灵活的现场应急处置能力就显得尤为重要。

（三）遵纪守法，严格检查

遵纪守法是指每个职业劳动者都要自觉遵守职业纪律以及与职业活动相关的法律法规。严格检查是安检人员的基本职责和行为准则，也是确保安全的重要措施。"遵纪守法，严格检查"的基本要求是：

1. 依法合规检查

安检人员在安检过程中，必须依法检查和按照规定的程序进行检查。《中华人民共和国民用航空法》《中华人民共和国民用航空安全保卫条例》以及民航局有关空防工作的指令和规定，为安检人员进行安全检查提供了法律依据，使安检工作有法可依、有章可循。每一位安检人员都要克服盲目性和随意性的不良习惯，强化法律意识，严格依法实施安全检查，学会运用法律武器处理问题，依法办事。

2. 自觉学法守法用法

安检人员应自觉遵守党和国家的各项法律法规和政策规定，自觉学法、用法、守法，严守各项纪律，自觉过好权力关、金钱关、人情关，严禁参与社会上各类不法行为活动，做遵纪守法的模范。

3. 严把安检各个关口

在安检工作的每一道工序、每一个环节，安检人员都应全神贯注，一丝不苟，严把验证、人身检查、行李物品检查、飞机监护等重要关口。各个关口应层层设防、层层把关，确保万无一失，把各种危险因素堵截在地面，确保每一个航班平安起降。

（四）文明执勤，优质服务

"文明执勤，优质服务"是安检人员职业道德规范的重要组成部分，也是民航安检精神风貌的具体体现，充分彰显了"人民航空为人民"的宗旨。安全检查的核心任务，即为旅客提供安全、便捷的服务。安检人员应通过文明的执勤方式，优质的服务形式，来履行这一核心任务。为真正做到文明执勤，优质服务，需从以下三方面着手：

1. 端正的服务态度

安检人员应以满腔热情投入工作，以主动、热情、诚恳、周到、宽容、耐心的服务态度对待旅客，坚决杜绝冷漠、麻木、高傲、粗鲁、野蛮等不良态度。

2. 规范化的服务

安检人员在执勤时，应展现心灵美、语言美、姿态美、行为美，设身处地地为旅客着想，急旅客之所急，忧旅客之所忧，树立旅客至上、助人为乐的行业新风尚，为旅客提供规范化的服务。

3.严格检查与真情服务的辩证统一

有人可能认为严格检查与真情服务之间存在冲突，难以兼顾。但实际上，这种观点是错误的。严格检查与真情服务是辩证统一的关系。其中，检查是手段，服务是目的。安检人员通过严格检查，维护的是公共安全和广大旅客的利益，从根本上说，这是对广大旅客的真情服务。

安检工作人员应深刻认识到严格检查与真情服务之间的辩证关系，在严格检查的同时，以文明的执勤姿态、举止、语言和行为，真心实意为旅客提供服务，努力塑造民航安检的文明形象，从而赢得社会的信赖与支持。

（五）团结友爱，协作配合

"团结友爱，协作配合"是处理职业内部人员之间以及协作单位之间关系的职业道德规范，是集体主义道德原则的具体体现，也是构建"平等、友爱、互助、协作"新型人际关系、增强整体合力的重要保证。

对于安全检查这一特殊职业来说，只有加强安检人员之间的团结协作，促进安检队伍与外部友邻单位的紧密联系，深化纵向、横向系统的广泛交流，形成团结互助、密切协作的纽带，才能将空防安全建设成一道坚不可摧的钢铁防线。按照社会主义职业道德规范的要求，安检人员在讲团结协作时应划清以下几个界限：

1.顾全大局与本位主义的界限

要坚决反对本位主义的不良影响，遇事时不能只考虑本部门利益，而应从全局、整体利益的角度出发，这样才能实现真正的长远的团结。

2.集体主义与小团体主义的界限

从表面上看，小团体主义似乎也是为了集体，但它与集体主义有着本质的区别。集体主义的出发点和落脚点是集体利益，坚持集体利益高于个人利益。而小团体主义则一切以自己的小团体利益为中心，不顾集体利益，是本位主义的延伸与发展。

3.互相尊重协作与互相推诿扯皮的界限

互相尊重协作是建立在平等互信关系之上的，是团结的基础；而互相推诿扯皮则是典型的个人主义和自由主义的体现，只会破坏团结，导致大家离心离德。

4.团结奋进与嫉贤妒能的界限

团结奋进是团结的最终目标，只有通过团结形成强有力的整体，才能不断开拓进取。相反，嫉贤妒能是涣散团结、分裂团结的腐蚀剂，要坚决抵制这种消极现象，并运用各种方式形成强有力的舆论力量加以制止。

✈ | 三、安检人员职业道德养成的基本途径

（一）树立坚定的职业理想信念

安检人员树立坚定的职业理想信念，是职业道德养成的思想基石。要坚持以马克思主义道德观和中国特色社会主义理论为指导，树立正确的职业理想信念，将个人的人生观、价值观、幸福观与民航安检事业紧密结合，矢志不渝地为空防安全贡献力量。

（二）加强职业道德责任感的锻炼

职业道德责任是指从事某种职业的个人对社会、集体和服务对象所应承担的责任和义务。安检人员要牢固树立职业道德责任感，将忠诚履职、恪尽职守作为具体表现。通过建立职业道德责任制，加强安检人员职业道德责任感的锻炼，确保职业道德规范成为每位安检人员的自觉行为，使高度的职业道德责任感在安检人员心中深深扎根。

（三）严格职业纪律的培养

职业纪律是特定职业活动范围内必须共同遵守的行为准则，具有明确的规定性和强制性。培养严格的职业纪律是安检人员职业道德养成的关键环节。要建立健全安检职业纪律约束机制，确保职业纪律得到严格执行，使其成为加强安检人员职业道德养成的重要保证。

对于自觉遵守职业道德且表现突出的安检人员，应给予表彰和宣扬；对于违反职业道德规范、造成严重后果的行为，应依据情节轻重进行教育和惩处，充分发挥职业纪律的惩戒和约束作用。

（四）注重职业道德行为的修养

职业道德行为的修养是指安检人员按照职业道德基本原则和规范，在安检工作中进行自我教育、自我锻炼、自我改造和自我完善的过程。这一过程旨在使安检人员形成良好的职业道德品质。

职业道德的养成既需要社会的培养和组织的教育，也需要安检人员的自我修养。因此，每位安检人员都应自觉以职业道德规范为镜，时刻检查自己的言行举止，特别是在无人监督的情况下，更要严格自律，确保自己的行为符合职业道德要求。

安检人员的禁止行为

安检人员的禁止行为主要包括限制他人人身自由，对他人进行搜查，侮辱、殴打他人，扣押、没收他人证件、财物，阻碍执行公务，侵犯他人个人隐私，泄露涉密信息，采用暴力或以暴力相威胁的手段处理纠纷，删改或者扩散监控影像资料、报警记录等。

1. 限制他人人身自由

限制他人人身自由是指以拘押、禁闭或其他强制方法，将公民在一定时间内强制约束在特定空间，限制其自由行动和对外联络的行为。根据我国法律，只有公安机关、人民检察院、人民法院等司法机关在法定权限内可实施。安检人员不得在任何情况下限制或变相限制他人人身自由，发现违法犯罪人员应报警交由公安机关处理。

2. 对他人进行搜查

搜查是指侦查人员为了收集犯罪证据、查获犯罪嫌疑人，依法对犯罪嫌疑人及其他可能隐藏犯罪嫌疑人的人的身体、物品、住所等进行搜索、检查的行为。搜查需由人民检察院批准，由侦查人员执行。安检人员不得擅自对他人进行搜查。

3. 侮辱、殴打他人

侮辱是指以言行损害他人人格或名誉，使之蒙受耻辱；殴打是指以暴力手段对他人实施伤害。这两种行为均严重侵害他人的人格尊严权和名誉权，受宪法保护。安检人员不得对他人进行侮辱、殴打。

4. 扣押、没收他人证件、财物

扣押是指侦查机关或行政机关依法扣留与案件有关的证件、财物；没收是指将违法所得的财物收归国有。扣押、没收均为法定机关的执法行为，安检人员无权执行。

5. 阻碍执行公务

阻碍执行公务是指以暴力、威胁或其他手段阻碍国家工作人员依法执行公务的行为。安检人员不得对执行公务的人员进行阻挠或设置障碍。

6. 侵犯他人隐私

个人隐私是受法律保护的个人不愿公开的事务。安检人员在服务过程中，应尊重和保护他人隐私，未经允许不得翻看他人包裹、信件等，不得随意谈论和泄露他人情况。

7.泄露涉密信息

泄露信息包括国家秘密、商业秘密、企业明确要求保密的事项等。安检人员应严格遵守保密规定，不得泄露涉密信息给不应知悉的人员，同时应防止信息被窃取。

考核评价

教师分享了三个涉及安检人员职业道德的反面案例，涵盖工作场景中的不妥之处。学生自由组成5人小组，讨论案例中的不足，分享对安检职业道德的理解，并强调文明执勤和优质服务的重要性。每组选代表上台分享讨论成果，最后评分并填写考核评价表，如表1-4所示。

表1-4　考核评价表

评价内容	分值	评分	备注
掌握安检人员职业道德规范的基本要求	30		
掌握安检人员职业道德规范的基本内容	30		
能够结合案例阐述自己的观点	30		
小组成员积极参与，讨论热烈	10		

练一练

一、填空题

1. "_____,_____"是安检人员最基本的职业道德。

2. "_____,_____"是安检职业道德规范的重要组成部分。掌握_____，是安检人员胜任安检工作的必要条件。

3. "_____,_____"是安检人员职业道德规范的重要组成部分，也是民航安检精神风貌的具体体现，充分彰显了"_____"的宗旨。

4. 职业道德责任是指从事某种职业的个人对_____、_____和_____对象所应承担的责任和义务。

5. 职业道德行为的修养是指安检人员按照职业道德基本原则和规范，在安检工作中进行_____、_____、_____和自我完善的过程。这一过程旨在使安检人员形成良好的职业道德品质。

二、简答题

1. 安检人员职业道德规范的基本要求有哪些？

2. 安检人员职业道德规范的基本内容有哪些？

项目二 安检礼仪

项目导读

随着民航业的稳步发展，安检作为进站旅客的第一道关卡，面对来自全球各地不同种族、不同信仰的旅客，安检人员应严格遵守个人规范，注重文明礼仪，保持专业形象，以营造一个和谐舒适的过检环境。

● 学习目标

1. 了解安检人员的着装、妆容要求。
2. 掌握对客礼节相关知识。
3. 掌握安检执勤规范的各项要求。
4. 熟练运用安检规范话术。
5. 熟悉安检各岗位职责规范。

M11

任务一　掌握安检人员形象礼仪规范

学习目标

✓ 1.熟悉安检人员职业妆容的相关知识。

✓ 2.了解男、女安检人员的妆容要求及化妆基本手法。

✓ 3.掌握并结合自身情况进行实操训练，确保妆容符合职业标准。

能力目标

✓ 能够在安检过程中保持规范的职业形象，用良好的面貌为旅客提供优质的服务。

任务导入

RENWU DAORU

　　小张当日22：00需要执勤上岗，但18：30有个她一直很想参加的化装舞会。她尝试找人换班，但正值旺季，其他同事都没有空。面对这种情况，小张选择了先去参加舞会，然后在快上班的时间直接赶去候机楼。然而，她却顶着化装舞会中夸张的妆容，穿着执勤的衣服面对旅客进行工作。

　　如果你是小张，你会怎么做呢？你会如何平衡个人活动与职业责任，确保在执勤时保持专业的妆容和形象？

知识准备
ZHISHI ZHUNBEI

发型要求及工具展示

✈ 一、安检人员发型要求

男、女安检员发型要求如图2-1所示。

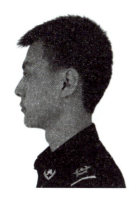

图2-1　男、女安检员发型要求

（一）女性安检员的发型要求

女性安检员的发型可大致分为长发和短发两种。

1. 短发

（1）标准：头发的长度不得短于两寸，整体造型应柔和、圆润。

（2）刘海需经过打理并固定，安检时禁止头发垂下遮住脸颊，以防工作造成差错，引起旅客不满。

（3）禁止烫爆炸式、板寸式、翻翘式和倒剃式短发，以避免非主流形象。发型的背面长度不得超过衣领的上缘。

2. 长发

（1）发髻：长发必须扎起，并使用隐形发网盘成发髻。先将长发扎成马尾，再用隐形发网盘成发髻。隐形发网应根据发量选择不同长度。马尾长度不得超过发网，发髻高度适中，不得低于双耳，也不得过高或过低。头顶部头发蓬起的高度应在3～5厘米之间。如头顶部头发完全贴于头皮，发型会显得过于呆板；若高于5厘米，则显得过于夸张。发髻应盘统为圆形，最大直径不超过9厘米，厚度不超过5厘米。

（2）前额：根据个人发量、发际线位置及脸型，可自由选择侧分式或后背式造型。圆形脸适合后背式，长形脸则两者均可。

①侧分式：以眉峰为基准点，用梳子画一条延长线作为侧发线。先整理出部分侧发并用夹子固定，然后梳理马尾，将预留的侧发从耳后别过并扎入马尾中。最后，在耳后用一字夹固定刘海，并用定型产品进行打理。注意，眉毛必须露出，禁止刘海在服务时垂下遮住眉毛和眼睛。

②后背式：头顶部头发蓬起高度在3～5厘米。将头发全部向后梳理通顺，并用定型产品进行固定。

③长发禁止留刘海（包括齐刘海、斜刘海和空气刘海等）。

（二）男性乘务员的发型要求

（1）发型应轮廓分明，两侧鬓角不得长于耳廓中部，发尾长度不得超过衣领上限，前面的头发必须保持在眉毛上方，不得遮挡眼睛。

（2）头发必须保持自然的黑色，不允许染成其他颜色。

（3）其他要求包括：

①使用发胶、摩丝等定型产品时，应保持头发整洁，不得有蓬乱感。

②男士在每个日历月应至少理一次头发，以确保发型整洁。

③禁止出现烫发、光头、板寸和鸡冠头等过于怪异或不专业的发型。

✈ 二、安检人员妆容要求

安检人员的妆容应根据不同公司的企业文化与整体风格进行定制，但总体上应追求淡雅、含蓄、自然的效果，以营造亲切的氛围。所有安检人员应确保妆面统一、协调、整洁干净。妆容颜色应与制服颜色相协调，避免使用过于抢眼的色系，如红色、绿色、蓝色等。整体妆容应展现大方、朝气的形象。

✈ 三、安检人员着装规范

安检人员在执勤时必须穿着安检制服，并严格遵守以下规定：

（1）按规定缀钉，佩戴安检标志、领带（领结）、帽徽、肩章，确保标志齐全、规范。

（2）制服样式应符合民航局的统一规定，冬、夏制服不得混穿，以维护专业形象。

（3）换季时应统一换装，换装时间由各安检部门自行规定，以确保形象的一致性。

（4）应着黑色或深棕色皮鞋，保持整洁、无破损。

（5）着装应整洁规范，不得披衣、敞怀、挽袖、卷裤腿、歪戴帽子，不得在安检制服外罩便服、戴围巾等，以保持制服的整体美观。

（6）只能佩戴国家和上级部门统一制发的证章、证件和工号，不得佩戴其他无关标志或饰品。

工作过程一　女安检员发型要求的实施

第一步　准备盘发用具

盘发需要准备以下工具：剑齿梳、发网、发胶或定型喷雾、皮筋、一字夹及 U 型夹。女乘务员盘发工具如图 2-2 所示。

图 2-2　女乘务员盘发工具

第二步　盘发操作流程

1. 做垫高造型

头发的长度以刚好过肩为宜，洗过吹干的头发更易制造空气感。先预留表层头发，用手抓起预留的头发并用剑齿梳从发根开始，由上往下倒梳打毛，产生蓬松感。倒梳时，速度快慢无妨，打毛的位置可以从头顶延伸至双耳，注意保持对称。根据自己的脸型，选择垫高的高度和位置。

2. 捆扎马尾

将所有头发梳理通顺后，用皮筋将马尾扎起来，确保发型既有蓬松感，又呈现完美圆弧状态。马尾的高度应在耳朵中上部，避免使用发圈，因为高弹力皮筋可以捆扎得更紧，马尾越贴合头部，对头皮的拉扯感越小，发髻也更牢固。接着，用定型产品将头顶部的碎发黏于表面，并在耳后每侧各用一个一字夹固定。

3. 固定发网

将发网套在马尾上，用 U 型夹将发网固定在马尾上，然后将发网撑开，将头发全部放入发网中。拉伸发网，确保马尾全部放入发网中，然后拉住发网一侧的边缘，按同一方向包裹马尾。

4. 盘发髻

轻轻旋转马尾，用手掌配合托住发髻，将发网末梢藏进发髻里，用外层翻压，整体呈现圆润的花苞状，并紧贴于头部。注意避免盘成多层螺旋状。

5. 固定发髻

使用 4 个 U 型夹分别在上、下、左、右四个方向固定发髻。U 型夹应垂直头皮插入，再朝着皮筋的方向插入头发中。

6. 整理碎发

发型四周的碎发必须用发胶或定型喷雾固定好，特别是颈部上方的碎发，确保整体发型整洁无杂乱。

7. 盘好后的发型展示

整个发型应显得干净、整洁，没有杂乱的碎发，富有立体感。头顶部头发可用剑齿梳进行微调，避免紧贴头皮，增加整体造型的层次感。

📁 工作过程二　女安检员面部妆容的实施

第一步　基础护肤

1. 洁肤

洁肤是基础护肤前的第一步，将洁面产品涂于整个面部进行按摩清洁，可去除脸部多余的油脂、汗液和灰尘，使皮肤干净清爽，更好地进行下一步的护肤和上妆。洁肤可分为卸妆与清洁。

（1）卸妆：选用适合自己肤质的卸妆品，对面部进行彻底的擦拭，卸除皮肤上的污垢和彩妆成分，以免长时间停留在毛孔，形成毛孔堵塞或其他皮肤问题。

（2）清洁：卸妆之后，选用适合自己肤质的洁面产品对面部皮肤进行再次的清洁，将卸妆后残留在皮肤的污垢彻底清洁并按摩，然后用温水清洗干净。

2. 护肤

洁肤之后要及时对皮肤进行护理，使皮肤能更好地上妆，达到最佳的妆面效果。

（1）补水：根据自身肤质选择化妆水，为肌肤补充充足的水分，提高面部的滋润度，让妆面更持久。

（2）保湿：补水之后要用具有一定保湿作用的精华液或保湿霜，补充肌肤营养的同时，帮助肌肤锁住水分，使妆面更服帖。

（3）隔离：为了有效隔离外界的污染物、紫外线和化妆品直接接触皮肤，一般在护肤之后、上底妆之前，涂抹一层隔离霜，起到防护的作用，使皮肤不受直接的伤害。

第二步　上妆的基本程序

1. 底妆

粉底应根据自身的肤质选择质感较好的粉底液或粉底霜，色号尽量选择接近自身肤色的自然色。对有痘印和粉刺的部位，要在上粉底前用遮瑕膏进行单独修饰。对脸颊与颈部衔接处的修饰也不能忽略，妆面要显得整洁干净。即使肤色偏黑，也不要挑选颜色过白的粉底，以免显得不自然。倘若肤色偏白或黄，则在粉底外，再扑上粉色或粉紫色的蜜粉，营造出白里透红的光彩。

2. 修容

脸部的修饰不应过浓，选择的颜色不宜过深，以免妆面显得不自然。

3. 眼部

眼影应根据不同空乘制服颜色进行选择，尽量使用接近制服的颜色或是同色系的色调，这样整个妆面会显得协调统一。眼线和睫毛膏的选用，黑色系为最佳，并要注意化妆品的防水性，以免工作中脱妆，影响服务质量。

4. 眉部

眉毛要修剪出适合自己的眉形，并用深棕色或灰色对整个眉形进行适当修饰，达到更饱满自然的效果。

5. 唇部

唇部应选择雾状唇膏或唇釉，根据空乘制服的颜色选择相应色系的唇色，修饰唇色和唇形，打造出良好的精神状态。

6. 脸颊

脸颊多以腮红进行修饰，选择与制服颜色、唇色相近的同色系的色号，显得整体协调统一，达到最佳的妆容效果。

📁 工作过程三　男安检员工作妆容的实施

男性乘务员在机场服务工作中，也应进行适当的、简单易行的化妆，以展现专业的形象。要注意保持面部皮肤的清洁，特别是男性皮肤多为油性，且容易受外界的刺激，因此更应注意选用适合自己肤质的护肤品，对面部皮肤进行适当的护理。基本程序是：洗脸→

剃须→护肤→底妆→修眉→修唇。男性眉毛应该真实、自然，不留胡须，要突出阳刚的男性特点和气质。

第一步　妆容与形象的基本要求

1.妆容

男性乘务员要注意面部卫生问题，认真保持面部的健康状况，防止由于个人不讲究卫生而使面部出现皮肤问题，如青春痘、痤疮等。注意面部局部的修饰，保持眉毛、眼角、耳部和鼻部的清洁，不要当众做一些不得体的行为动作。

2. 发型

男性乘务员的发型应保持整洁美观、大方自然、统一规范、修饰得体。前不遮眉，后不抵领，不留鬓角，不留怪异发型或光头，不染发，头发要保持清洁。

3. 制服

男性乘务员的制服应根据不同公司的着装要求进行穿着。要注意保持干净整洁、熨烫平整，不得佩戴装饰性物件，口袋内不能放置太多的零散物品，按要求佩戴好胸牌等其他配件。

第二步　男乘务员化妆与修饰手法

1.清洁

上妆前，必须清洁面部皮肤，因男性皮肤油脂分泌较多，可选用去油、控油清爽型的洁面产品进行面部清洁，以便更好地进行护肤和面部上妆。

2.剃须

剃须是男性乘务员化妆的重要步骤，剃须后会使妆面看起来更干净。剃须后，用护肤品对面部皮肤进行适当的保养，护肤品应根据自身的肤质进行选择，如果是油性皮肤，则尽量选择清爽控油的产品。

3. 粉底

粉底要突出皮肤的质感，根据自己的肤质选择适当的粉底液或粉底霜，颜色要选择与肤色相近的色号。遇到痘印或是粉刺，可以用遮瑕膏单独进行遮瑕后，再上粉底。

4. 眉部

男乘务员应修剪出适合自己的眉形，可适当地用眉粉进行修饰，颜色选择深灰色或深棕色为宜。

5. 唇部

唇部应选用无色或是肉色的固体唇膏进行涂抹，以保持自然、健康的状态。

6.脸颊

男性乘务员的脸颊可以适当地选用深色系的修容粉进行轮廓的修饰，以突出面部立体感，显得肤色健康。

知识拓展
ZHISHI TUOZHAN

董宇莹是西安咸阳国际机场的一名普通安检员，她不仅是一位拥有12年从业经验的美丽安检员，而且在她身上，我们还能深刻感受到什么是一名优秀的服务人员应有的品质。

"聋哑人很敏感，他们是通过周围环境和人的面部表情、眼神来感知周围的事物的。"董宇莹之所以对聋哑人有如此深入的了解，是因为她的哥哥也是一名聋哑人。从小与哥哥一起生活的她，慢慢学会了手语。

成为一名机场安检员后，董宇莹将这项技能运用到了工作中。她没想到，第一次使用手语，不仅给她的工作带来了极大的便利，还让她有了更深的感悟。

董宇莹第一次与一位聋哑小女孩沟通时，她向小女孩比画了表示友好的手势。小女孩抬头望向她的眼神让她深受感动，从那一刻起，董宇莹便深深爱上了手语。她为自己拥有这项技能而感到高兴，更让她高兴的是，单位领导也认识到了手语在机场工作中的重要性。在单位的组织下，董宇莹获得了手语专业的资格证，并随后定期在单位内组织培训班，将这项技能传授给同事们。董宇莹的同事们也逐渐掌握了基础的手语表达方法，为旅客提供了更为贴心的服务。

正是有了手语服务，董宇莹和她的同事们得到了聋哑旅客及其家属们的认可和感谢。这种无声的服务，传递了难以言喻的温暖。

图 2-3　董宇莹无声的安检礼

阅读与思考
YUEDU YU SIKAO

　　某航班平飞阶段，乘务员会为旅客提供餐饮服务。在服务过程中，有一名旅客当场指责乘务员递送给自己的水中存在异物。乘务员拿回旅客手中的杯子仔细观察后，发现水面上确实飘着一根头发。经回忆，乘务员意识到刚刚为旅客倒水时，刘海散落，可能是自己的头发不小心掉入了水中。发现问题后，乘务员立即向该旅客道歉，并为旅客重新倒了一杯水。然而，乘客并未接受乘务员的道歉，并填写了意见卡进行投诉。

　　问题处理：针对此类问题，在航前准备会时，乘务长应严格检查乘务员的专业化形象，对不符合要求的人员进行及时调换。乘务员在执行航班任务时，应确保发型梳理整齐，使用发胶、摩丝等工具进行定型，避免发型显得蓬乱。同时，乘务员应做到忙而不乱，随时注意自己的整体形象，及时整理发型，以尽量避免因类似问题造成服务差错，从而引发旅客的投诉。

考核评价

　　以 5 人小组的形式模拟安检现场，其中有人扮演旅客，有人扮演安检员。模拟结束后，进行相互评分，并填写安检员职业形象评分表，如表 2-1 所示。

表 2-1　安检员职业形象评分表

项目	标准	小组自评	小组互评	教师点评	实际得分
仪容仪表（45 分）	1.发型大方，无碎发，男生发型整齐，女生短发整齐，长发能正确使用盘发器（25 分） 2.指甲干净，未染指甲（10 分） 3.未佩戴饰品（10 分）				
面部妆容（25 分）	1.底妆干净（5 分） 2.眼影颜色搭配得当（5 分） 3.口红颜色选择正确（5 分） 4.面部整体大方、亲和（10 分）				
着装规范（30 分）	1.标记、胸卡佩戴于左前胸且正直（5 分） 2.着装一致，仪容整齐，面带微笑，端庄大方（20 分） 3.着黑色皮鞋，且鞋面整洁（5 分）				

练一练

一、选择题（可多选）

1. 固定头发所用的 U 型夹一般不超过（   ）个。

　　A.1　　　　　　B.2　　　　　　C.3　　　　　　D.4

2. 安检人员在执勤中应保持专业的形象，男安检员不准（   ）

　　A. 留长发　　　B. 蓄胡须　　　C. 留大鬓角　　D. 留光头

3. 适合女安检员使用的眼影颜色是（   ）

　　A. 红色　　　　B. 大地色　　　C. 蓝色　　　　D. 绿色

二、简答题

1. 简述女安检员化妆的要求。

2. 简述男女安检员化妆的基本步骤。

任务二　掌握安检人员执勤礼仪规范

学习目标

✓ 1.熟悉安检礼仪礼节的基本规范。

✓ 2.了解安检人员的着装要求。

✓ 3.掌握安检人员的执勤规范。

能力目标

✓ 能够在安检过程中表现得有礼有节、自然大方。

任务导入
RENWU DAORU

　　一位带着孩子的母亲急匆匆地来到安检口。孩子看起来有些紧张，不停地扭动着身体。母亲一边安抚孩子，一边手忙脚乱地整理行李。小李见状，立刻放下手中的工作，走上前去帮助她们。他微笑着接过行李，轻轻地放在安检设备上，然后示意母亲带孩子站在一旁等待。在检查过程中，小李始终保持着微笑和温和的眼神，他的目光不时地投向孩子，给予他安慰和鼓励。整个过程中，他没有说一句话，但他的举动和眼神却传递出了温暖和关怀。当孩子顺利通过安检后，母亲感激地向小李点头致谢。而小李只是微微一笑，继续投入工作中。

　　安检人员作为公共服务人员，他们的言行举止不仅代表着个人的职业素养，更代表着整个机构的服务水平和公共形象。一个优秀的安检人员应该具备良好的仪容仪表、言谈举止和服务态度，以专业、规范、文明的形象为公众提供安全、便捷、舒适的安检服务。

知识准备
ZHISHI ZHUNBEI

✈ 一、安检人员执勤规范

（1）执勤前不吃有异味食物、不喝酒，执勤期间应保持举止端庄，不得吸烟、吃零食。

（2）尊重受检者的风俗习惯，对受检者的穿戴打扮不得取笑、评头论足，遇事不围观。

（3）态度和检查动作应规范，不得推拉受检者。

（4）应自觉使用安全检查文明执勤用语，热情有礼，避免使用服务忌语。

（5）爱护受检者的行李物品，检查时轻拿轻放，不得乱翻、乱扔，检查后应主动协助受检者整理好被检物品。

（6）按章办事，耐心解答受检者提出的问题，不得借故训斥、刁难受检者。

（7）执勤期间必须精神饱满，态度端正，动作规范，举止文明；必须持证上岗，佩戴工作证上岗，必须签到、签离，禁止代签、补签；必须及时汇报重要安检信息；必须服从上级工作人员的现场管理；必须爱护并正确使用安检设备，上岗前需清点、检查所用设备；必须严格按照操作流程和标准进行作业；必须及时、准确地对检查出的违禁物品及人身抽查情况进行登记，并将查没或受检人自弃的物品及时上交公安机关。

（8）执勤期间严禁出现趴桌、托腮、假睡、嬉戏打闹、大声喧哗、斜倚靠墙、弓腰驼背等现象；禁止袖手或将手插入衣兜；禁止搭肩、挽臂、边走边吸烟、吃东西；禁止在工作场所随地吐痰、乱扔废弃物；禁止在安检台账本上乱写乱画；禁止在工作期间擅自使用手机；禁止做与本职工作无关的事；禁止擅自接受新闻媒体采访；禁止迟到早退，擅离职守。

✈ 二、安检人员礼仪礼节规范

安检人员的礼仪礼节，通常是在安检现场各种情况下运用，以表达对旅客的尊重和敬意。礼仪礼节形式多样，一般来讲，安检现场常见的有以下几种情况：

（1）问候礼：问候时要避免刻板，应根据不同国家、不同地区、不同民族的风俗习惯而定。

（2）称谓礼：称谓要恰当得体，对不同性别、不同年龄、不同地位和职务的对象要用不同内容进行称呼。

（3）迎送礼：迎送外宾及重要旅客时，要热情得体，落落大方，通常用握手、鞠躬、微笑、注目礼等方式迎送。

礼仪礼节在不同国家、不同民族中的表现形式不同，实施时应区别对待，各有侧重。实施礼节时，应遵循以下几条原则：一是以我为主，尊重习惯。在日常接待中，要以我国的礼节方式为主，特殊情况下尊重宾客的礼节习惯。二是不卑不亢，有礼有节。在宾客面前要保持一种平和心态，不因地位高低而态度不一，应彬彬有礼而不失大度。三是不与旅客过于亲密，要内外有别，公私分明，坚持原则。四是不过于烦琐，要简洁大方，不要过分殷勤而有损安检形象；对老弱病残者要给予特殊照顾，使安检窗口成为文明执勤、热情服务的窗口，礼节规范的窗口，旅客满意放心的窗口。

任务实施 RENWU SHISHI

📁 工作过程一　规范站姿

1.基本站姿

（1）头正：两眼平视前方，嘴微闭，收额梗颈，表情自然，面带微笑。

（2）肩平：两肩平正，微微放松，稍向后下沉。臂垂：两臂自然下垂，中指对准裤缝。

（3）躯挺：胸部挺起，腹部内收，腰部正直，臀部向内向上收紧。腿并：两腿立直，贴紧，脚跟靠拢，两脚并拢或夹角成60度。

2.背手站姿

双手在身后交叉，右手贴在左手外面，置于两臀中间。两脚可分可并。分开时，两脚距离不超过肩宽，脚尖展开，两脚夹角成60度。挺胸立腰，收颌收腹，双目平视。这种站姿既优美又略带威严。如果两脚改为并立，则更突出尊重的意味。

3.背垂手站姿

一手背在后面，贴在臀部，另一手自然下垂，手自然弯曲，中指对准裤缝。两脚可以并拢也可以分开，也可以成小丁字形。这种站姿多为男安检员使用，显得大方自然、洒脱。以上几种站姿都与岗位工作密切相关，会给人留下挺拔俊美、庄重大方、舒展优雅、精力充沛的印象。要掌握这些站姿，需要经过严格的训练，并长期坚持，形成习惯。

📁 工作过程二　规范坐姿

1. 基本坐姿

上体自然坐直，两肩放松，两腿自然弯曲，双脚平放地上，双膝应并拢（男士可稍稍分开）。男士可将两手平放在膝上，女士则应将双手交叉放在膝间。如坐在沙发上，小臂可平放在沙发两侧的扶手上。注意从肩到臂应紧贴胸部，胸部微挺，腰部挺直，目光平视，嘴微闭，面带笑容，展现出大方、自然的姿态。

2. 前伸式

在基本坐姿的基础上，两小腿向前伸出，两脚并拢，脚尖不要翘起。这种坐姿适合身材较高、腿部较长的女性安检员。

📁 工作过程三　规范走姿

1. 起步技巧

以站姿为基础，起步时，上身略微前倾，身体重心放在前脚掌上。行走时，保持上体正直，头部端正，双目平视前方，挺胸收腹立腰，重心稍向前倾，面带微笑。

2. 双肩与双臂的摆动

行走时双肩应保持平稳，双臂以肩关节为轴前后自然摆动，摆动幅度以 30～40 厘米为宜。

3. 行走规范与步态特点

女安检员行走时，两只脚行走线迹应正对前方成一条直线（即常说的一字步），或尽量走成靠近的一条线，以形成腰部与臀部的摆动，显得优美。切忌走成两条直线，那样会显得不雅观。相反，男安检员应走成两条直线而不是一条直线。男安检员的脚步应利落、轻稳、雄健；女安检员则应行如和风，步伐自如、匀称、轻柔，具有明显的节律感和步韵感。

4. 行走标准与注意事项

步幅要适当，不同着装下的步幅也应有所不同。注意以下行走的速度标准：

（1）步幅：男安检员大约 40 厘米；女安检员大约 30 厘米，不宜过大。

（2）速度：男安检员每分钟约 108～110 步；女安检员每分钟约 118～120 步。

（3）步高：男安检员脚跟离地约 2～3 厘米；女安检员脚跟离地约 3～4 厘米。

在行走过程中，还需注意保持身体的平衡和稳定，避免因步态不稳而给人留下不良印象。

📁 工作过程四　规范蹲姿

1. 高低式蹲姿

下蹲时左脚在前，右脚稍后（不重叠），两腿靠紧向下蹲。左脚全脚着地，小腿基本垂直于地面，右脚脚跟提起，脚掌着地。右膝低于左膝，左膝内侧靠于左小腿内侧，形成左膝高右膝低的姿势，臀部向下，基本上以右腿支撑身体。男安检员选用这种蹲姿时，两腿之间可有适当距离。

2. 半蹲式蹲姿

一般是在行走时临时采用。它的正式程度不及高低式蹲姿，但在需要应急时也常采用。主要要求是，在下蹲时，上身稍许弯下，但不要和下肢形成直角或钝角；臀部务必向下，而不是撅起；双膝略微弯曲，角度一般为钝角；身体的重心应放在一条腿上；两腿之间不要分开过大。

3. 半跪式蹲姿

又叫单跪式蹲姿，是一种非正式蹲姿，多用于下蹲时间较长或为了用力方便时。主要要求是，在下蹲后，改为一腿单膝点地，臀部坐在脚跟上，以脚尖着地。另外一只脚应当全脚着地，小腿垂直于地面。双膝应同时向外，双腿应尽力靠拢。

4. 交叉式蹲姿

下蹲时右脚在前，左脚在后，右小腿垂直于地面，全脚着地。左腿在后与右腿交叉重叠，左膝由后面伸向右侧，左脚跟抬起脚掌着地。两腿前后紧靠，合力支撑身体。臀部向下，上身稍前倾。

知识拓展
ZHISHI TUOZHAN

为提高旅客过检效率，营造安检现场和谐有序的工作环境，三亚凤凰国际机场（简称"凤凰机场"）积极创新服务举措，自2016年10月16日起全面推行"L型安检引导手势"，如图2-4所示。该手势要求安检员跨出与肩同宽的一步后，举起左手，做出L型手势，同时向旅客致以问候："您好，这边请。"这种直观的手势与语言结合，不仅减少了嘈杂环境下的沟通障碍，还提升了旅客的服务体验，营造出和谐、愉悦的过检氛围。

图2-4 三亚机场全面推行"L型安检引导手势"

凤凰机场安全检查站总经理刘文辉表示，在服务行为的四大要素中，"动作"是最直观高效的沟通方式。特别是对于每年冬季前来三亚过冬的老年旅客，整齐划一的动作可以传递清晰、有效的过检信息，便于他们快速完成安检。凤凰机场通过推行"L型引导手势"，不仅加强了安检员与旅客之间的情感沟通，还以规范的手势动作传达了真情服务的理念，彰显了安检队伍的专业性，致力于打造"和谐、温馨、放心"的安检服务品牌。

阅读与思考

YUEDU YU SIKAO

12月的一个平常的晚上，一位女士匆忙奔向某机场T3国际厅安检口。安检员小蓝见状后迅速上前询问，得知该女士所乘坐的航班已经开始登机，时间紧迫。小蓝立即将该旅客引导至快速通道过检。

"女士，您随身携带的化妆品超量了。"然而，行李托运时间已经截止，且该航班也开始催促登机。"别担心，我来帮您。"小蓝迅速向值班队长报告情况，并决定帮助女士将化妆品快递回家。安检员小蓝拿来纸和笔，让女士留下联系信息和地址，并快速引导其至登机口，确保她顺利登机。

在休息间隙，小蓝前往服务台取女士的物品准备快递时，意外地发现女士在留下的信息后面还添加了一段长长的话："感谢安检人员对我的帮助！我本来都做好最坏的打算了，是你们的援手让我再次安心！谢谢！"这简短的几句话，是对该机场安检服务工作的极大认可。

考核评价

组建一个5人小组，模拟安检现场。其中部分成员扮演旅客，其余则扮演安检员。模拟结束后，进行互评并填写安检人员执勤形象评分表，如表2-2所示。

表2-2　安检人员执勤形象评分表

项目	标准	小组自评	小组互评	教师点评	实际得分
站姿（15分）	1.基本站姿（头正、肩平、躯挺）（5分） 2.背手站姿（即双手在身后交叉，两脚可分可并。脚尖展开，两脚夹角成60度，挺胸立腰，收颌收腹，双目平视）（5分） 3.背垂手站姿（一手背在后面，另一手自然下垂）（5分）				
坐姿（20分）	1.基本坐姿（上体自然坐直，两肩放松，两腿自然弯曲，两手平放在膝上）（10分） 2.前伸式（两小腿向前伸出两脚并拢）（10分）				
走姿（10分）	1.女：两小腿向前伸出两脚并拢，行走时两只脚形成一条直线，步幅30厘米左右（10分） 2.男：脚步利落、轻稳、雄健，成两条直线，步幅40厘米左右（10分）				
蹲姿（20分）	1.高低式蹲姿（左脚在前，左脚全脚着地，小腿基本垂直于地面，右膝低于左膝，左膝内侧靠于左小腿内侧）（5分） 2.半跪式蹲姿（一腿单膝点地，臀部坐在脚跟上，另外一只脚全脚着地，小腿垂直于地面）（5分） 3.交叉式蹲姿（右前左后，右小腿垂直于地面，全脚着地。左腿在后与右腿交叉重叠，左膝由后面伸向右侧，左脚跟抬起脚掌着地）（5分） 4.半蹲式蹲姿（上身稍微弯下，臀部向下，双膝略微弯曲）（5分）				
执勤规范（25分）	1.精神饱满，态度端正（5分） 2.举止文明（5分） 3.站姿挺拔（5分） 4.笑容亲和（5分） 5.佩戴工作证（5分）				

练一练

一、选择题（可多选）

1. 安检人员在执勤前应当（   ）

A. 不吃有异味食物　　　B. 不喝酒　　　C. 不吸烟　　　D. 不吃零食

2. 礼仪礼貌形式多样，一般来讲，安检现场常见的有（   ）

A. 问候礼　　　　　B. 称谓礼　　　C. 握手礼　　　D. 迎送礼

3. 安检执勤时必须佩戴（   ）

A. 安检标志　　　　B. 领带领结　　C. 帽徽　　　D. 肩章

二、简答题

1. 简述安检员执勤规范的基本要求。

2. 简述安检员站姿的种类及要求。

任务三　掌握安检人员沟通礼仪规范

学习目标

✓ 1. 熟悉工作期间的语言规范。

✓ 2. 了解安检禁忌语的范围。

✓ 3. 掌握安检期间称谓、规范语的使用。

能力目标

✓ 在安检期间正确使用岗位语言。

任务导入 ✈
RENWU DAORU

　　小李今天心情不好，在工作中一直表现得不太耐烦。一名旅客在过安检时在打电话，未听到小李的指示，小李便不耐烦地喊道："喂，能不能快点，后面还有人等着呢！"之后，旅客以小李态度不好为由投诉了他。

　　如果你是小李，你会如何处理这种客我关系？

知识准备 ✈
ZHISHI ZHUNBEI

✈ | **一、安检服务沟通原则**

　　沟通是思想在两个或两个以上个体之间的传递或交换的过程，更常见的形式是信息的传递、反馈和互动。其目的是实现人与人之间的相互影响、相互理解，以有效的沟通达到双赢。沟通的基本原则包括相互尊重、相互理解、主动沟通和包容沟通等。文明安检如图2-5所示。

图2-5　文明安检

（一）相互尊重

要想获得他人的尊重，首先就要尊重他人。人们的思想和言行乃至文化背景都是有差异的，承认这种差异的存在是一种理性思维。被尊重是人的基本需要，正如心理学家威廉·詹姆斯所言："人性中最强烈的欲望便是希望得到他人的敬慕。"人们渴望获得他人的认可和肯定，包括被给予尊重、赞美、赏识和承认地位。

尊重是一种修养，它不分对象，无论对方的身份和社会地位如何，都值得被尊重。尤其在心理上处于弱势的群体或身处逆境的人更需要得到尊重。尊重是相互的，只有尊重他人才能赢得他人的尊重，只有相互尊重才会有真正意义上的沟通。

安检服务人员应该通过为旅客提供优质服务来获得旅客的尊重。每家航空公司无论在地面还是空中都有严格的服务流程，针对不同旅客群体提供富有个性化的服务。安检服务专业性极强，旅客在接受服务的各个过程都有知情权，如验证、开箱、人身检查等。只有专业的服务，才能得到旅客的认同，进而得到旅客的尊重。因此，实现相互尊重是旅客与服务人员良好沟通的前提。

（二）相互理解

每一个人看世界的角度都不尽相同，每一种审美的眼光都体现了自己的修养。素质好，文明程度高；素质差，文明程度低。差异的存在是世界多样化的特征。论语中有："君子和而不同，小人同而不和。"意思是要求同存异，不必强求一致。我们应该有胸怀去理解别人的不同观点，做到换位思考，在相互尊重的基础上，相互理解，这样才有利于进行有效沟通。

安检人员从旅客的角度出发，尽可能多地去了解旅客的生理和精神需求，理解旅客的情绪状态。旅客在出行中，遇到航班延误等情况很容易出现消极负面情绪，对此，安检服务人员不仅要给予充分理解，还要多关心、多疏导不良情绪，通过自己的努力和优质服务赢得旅客的理解与信任。

（三）主动沟通

主动沟通是指沟通的发起者主动寻找话题与沟通对象交流。在安检服务中，主动沟通可以满足旅客的知情权，避免旅客误会，化解矛盾，还可以将危机消灭在萌芽状态。

（四）包容沟通

中华文明历来崇尚"上善若水""有容乃大"等情操，这些思想表明了包容是一种胸怀，一种修养，一种人生境界。学会用他人的眼光看问题，更容易理解彼此的态度。作为安检人员，我们会接触到各种各样的旅客，每个旅客的爱好和需求千差万别。这要求我们学会包容，包容他人的不同喜好，包容别人的挑剔。我们需要锻炼同理心，去接纳差异，包容差异。

✈ 二、多听少说、给旅客留有余地

有些安检人员在与旅客沟通时，常常一开始就有意无意地否定了旅客的说法。安检人员有时会下意识地说出一两句不礼貌，不考虑对方感受的话，对旅客的言行进行全盘否定，不留一点余地，让旅客感到尴尬。特别是在旅客心情不好、状态不佳或身体不适时，听到这种不留余地的话语后，更容易引发情绪失控。因此，安检人员在与旅客沟通的过程中要多听少说，更不能说完全否定旅客言行的不良话语，要给旅客留有一定的余地。

✈ 三、说错话后及时补过

人非圣贤，孰能无过。安检人员也是人，无论多么小心谨慎，有时在忙碌中也可能会说出令旅客不悦的话。一旦发现自己说错了话，得罪了旅客，应该立即进行补救或道歉，不能一错再错。人的心理状态会随着对方语言的变化而发生变化。如果你不小心说了伤害对方自尊心的话，但马上补充一句得体的道歉或补救的话，让对方感受到你的诚意，那么之前的伤害会减少许多。

✈ 四、善于运用沟通三大要素

人与人面对面沟通的三大要素是文字、声音以及肢体动作。根据行为科学家 60 年的研究，面对面沟通时这三大要素影响力的比例大致为：文字占 7%，声音占 38%，肢体语言占 55%。一般人在与人面对面沟通时，往往过于强调讲话内容，而忽视了声音和肢体语言的重要性。实际上，有效的沟通需要努力与对方达到一致性并进入对方的"频道"，也就是说，你的声音和肢体语言要让对方感受到你所讲和所想的是一致的，否则对方可能无法接收到正确的信息。

安检人员在服务的过程中要善于使用微笑服务，微笑是最有吸引力的表情之一，是安检人员美好心灵和友好诚恳态度的外在表现，是服务中与旅客交流、沟通的美好桥梁，也是安检人员化解服务矛盾的有效方式。

✈ 五、规范安检用语

（一）主要服务忌语

1. 冷漠、不耐烦、推脱的语句

（1）不知道。

（2）不清楚。

（3）没时间。

（4）没办法。

（5）自己看，自己听。

（6）不归我管，我不管。

（7）少啰唆，少废话。

（8）别问我，去问服务员。

（9）没看我正忙着吗？

（10）机票上写着呢，不会看吗？

除以上列举的冷漠、不耐烦、推脱的语句外，其他类似的不当语句在工作中也应坚决避免使用。

2. 不当称呼

（1）喂。

（2）老头。

（3）小姐。

（4）当兵的。

（5）那个穿 ×× 颜色衣服的。

（6）那个谁。

除以上列举的不当称呼外，其他可能引起误解或不适的称呼也应避免使用。

3. 斥责、责问的语句

（1）急什么？

（2）真讨厌，真烦人。

（3）叫（嚷）什么？

（4）没长眼呀？

（5）你聋了，叫你怎么不听？

（6）说过多少遍了，怎么还不听？

（7）为什么不把证件（物品）拿出来？

（8）让你拿出来，为什么还不拿？

（9）让你站住为什么不站住？

（10）急什么，早干什么去了？

除以上列举的斥责、责问的语句外，其他类似的语气也应避免使用。

4. 讥讽、轻视的语句

（1）你坐过飞机吗？

（2）你出过门吗？

（3）土老帽。

（4）乡巴佬。

（5）看你就不是个好人。

除以上列举的讥讽、轻视的语句外，其他类似的语气和表述也应避免使用。

5. 生硬、蛮横的语句

（1）我说不行就是不行。

（2）找别人去，我不管。

（3）不让带就是不让带。

（4）就是这样规定的，不清楚看公告去。

（5）你算什么东西。

（6）不检查就给我出去，不要坐飞机，又没人请你。

（7）我就这样，有本事你去告我好了。

除以上列举的生硬、蛮横的语句外，其他类似的语气和表述也应避免使用。

6. 催促、命令式的语句

（1）快点。

（2）回来。

（3）过来。

（4）过去。

（5）转身。

（6）站上去。

（7）走吧。

尽管这些语句在指令性环境中是必要的，但建议尽量使用礼貌、委婉的表述，以避免给旅客留下不好的印象。

7. 随意下结论的吓唬语句

（1）证件是假的，没收。

（2）不老实就送你去派出所。

（3）带这个东西可能要面临法律制裁。

（4）这个东西不能带。

（5）带这些东西可能会面临罚款。

除以上列举的随意下结论的吓唬语句外，其他类似的表述也应避免使用，以免给旅客带来不必要的恐慌和误解。

（二）称呼、礼貌用语

称呼是人们在社交场合中用来标识对方身份或关系的称谓，而礼貌用语则是表达尊重和友好的一种语言形式。通过恰当运用称呼和礼貌用语，可以有效促进人与人之间的和谐关系，提升交流效果。礼貌对客安检如图 2-6 所示。

图2-6 礼貌对客安检

1. 称呼

在与受检人交流时，首先要使用标准、文明的称呼用语称呼受检人，这会在第一时间赢得受检人的好感。对女性受检人要根据年龄的不同，变换称呼，一般较为妥帖的称呼是"女士"，男性受检人可以使用尊称"先生"。对任何受检人的指代称呼，一律使用尊称"您"。重要旅客应称呼为首长及职务。

2. 礼貌用语

在安全技术检查工作中，应做到"请"字开头，"谢"字结尾。注意运用"您好""请""谢谢""对不起"和"再见"等文明用语。

（1）在引导安检设备安检时，应当使用引导词，内容为："您好，请您接受安全检查。"

（2）对需开包检查的乘客，应当使用告知词，内容为："您好，您的箱包（挎包、箱子、行李等）需要进行开包检查，请您配合。"

（3）对于受检者携带的箱包经打开确认安全后，应当使用感谢词，内容为："检查完毕，谢谢合作，请您拿好随身物品，再见。"

（4）遇有受检者不配合安检时应当使用劝检词，内容为："您好，根据规定，请您配合安检。"

（5）遇有受检者携带活动限带物品时，应当使用告知词，内容为："您好，您携带的物品属于我司公示的限带物品，您不能携带该物品入内。请您主动丢弃该物品后再入内。谢谢您的配合。"

工作过程一　了解旅客登机安检过程

登机流程如图 2-7 所示。

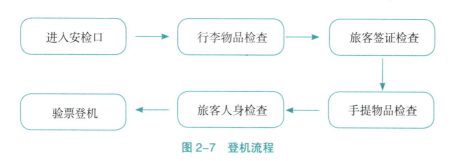

进入安检口 → 行李物品检查 → 旅客签证检查

验票登机 ← 旅客人身检查 ← 手提物品检查

图 2-7　登机流程

工作过程二　规范岗位用语

安检员风采如图 2-8 所示。

图 2-8　安检员风采

1. 引导员进行引导

（1）您好，请您接受安全检查。

（2）请您自觉排队接受安全检查。

（3）带包的旅客，请依次通过安检机。

（4）无包的旅客，请走绿色通道。

（5）请您提前取下包裹接受安全检查。

（6）谢谢配合。

2. 前传、维序告知旅客进行行李安检

（1）请把您的行李依次放在传送带上，请往里走（配以手势）。

（2）请稍等，请进。

（3）请各位旅客按次序排队，准备好身份证件、机票和登机牌，准备接受安全检查。

3. 安检员进行证件检查

（1）您好，请出示您的身份证（或相关证件）、机票和登机牌。

（2）对不起，您的证件与要求不符，我需要请示一下，请稍等。

（3）谢谢，请继续前行。

4. 安检员告知旅客进行开箱（包）检查

（1）对不起，请您打开这个包。

（2）对不起，这是违禁物品，按规定不能带上飞机，请将证件给我，我为您办理手续。

（3）对不起，刀具不能随身带上飞机，您可以请送行人带回或办理托运。

（4）谢谢合作，祝您一路平安。

5. 值机员告知旅客物品相关规定

（1）您好，您的包里是否有疑似 ×× （违禁品）的违禁品？

（2）您好，您包里是否有液体？

（3）您好，请问您包里的瓶子里装的是什么？

（4）谢谢配合。

知识拓展
ZHISHI TUOZHAN

安检验讫章"盖"在外套上

　　由于疏忽细节，将安检验讫章"盖"在旅客的外套上，破坏了旅客随身物品，引发了一场不必要的服务纠纷。

某日早上，广州新白云机场安检候检大厅人潮涌动，验证岗位的安检员对一名身穿白色外套的女性旅客进行证件和登机牌的查验，核对无误后迅速将证件递还旅客，却忘了将登机牌对折。前传岗位安检员小黄看到旅客手中登机牌已盖安检章，直接接过来就放置在篮筐里，提醒旅客摆放好随身行李，并建议旅客脱下外套，放在篮筐内。最后顺利完成安检程序，但当旅客收拾物品时却惊讶地发现自己的外套已被盖上安检验讫章，随即情绪激动，并强烈要求合理赔偿。安检人员一边安抚旅客情绪，一边商讨解决办法。最后，安检人员诚心向旅客道歉认错，并在取得旅客的原谅以及同意后，由安检人员将衣服拿到专卖店清洗干净后寄还旅客。

这个案例提醒我们，不仅要确保登机安全，还应提高服务质量，重视旅客的需求，注重服务细节。

阅读与思考 📖
YUEDU YU SIKAO

某日 18：40 左右，乘客携带显卡从某机厅进站并拒绝安检。安检员要求乘客的物品必须进行检查，乘客随后问安检员："人用不用过安检机啊？"安检员回答："根据规定，活物不用过安检机。"

分析一：在上述情况中，安检员要求乘客对携带的显卡进行安检是正确的，但随后乘客以气话的方式询问是否人也需要过安检时，安检员的回答"活物不用安检"显然是不恰当的。按照《运营安全管理办法》第三十三条中的相关规定，安检人员应文明礼貌、尊重受检人，并严格执行安全检查操作规范。若乘客仍执意不接受安检，应上报站长处理。

分析二：案例中，安检人员引导乘客进行安检的做法是正确的，但语言表达不够恰当。在这种情况下，安检人员应先稳定乘客的情绪，解释安检的重要性和必要性。如果乘客依然拒绝接受安检，应劝导其选择其他交通工具。

分析三：安检员在依照安检原则进行工作时，积极引导乘客进行安检是正确的，但在与拒绝接受安检的乘客发生言语冲突时，应在"以人为本，尊重被检人"的前提下履行岗位职责，不应受到乘客情绪的影响。安检员应保持微笑服务，态度不卑不亢地完成安检任务。同时，安检员应不断提高自身的政治素质和业务素质，以灵活的方式处理类似事件，避免类似情况再次发生。

考核评价

组建2人小组，分别模拟旅客和安检员角色，选定模块后进行互动评分，并填写礼仪用语使用规范评分表，如表2-3所示。

表2-3 礼仪用语使用规范评分表

项目	标准	小组自评	小组互评	教师点评	实际得分
验证岗位	1. 称呼运用：女士、先生、您、××部长（2分） 2. 礼貌词运用：请、谢谢、对不起（2分） 3. 岗位用语：您好，请出示您的身份证（或相关证件）、机票和登机牌；对不起，您的证件与要求不符，我得请示，请稍等；好的，谢谢，请往里走（3分）				
引导员岗位	1. 称呼运用：女士、先生、您、××部长（2分） 2. 礼貌词运用：请、谢谢、对不起（2分） 3. 岗位用语：您好，请您接受安全检查；请您自觉排好队接受安全检查；请您取下包裹接受安全检查；谢谢配合（3分）				
值机员岗位	1. 称呼运用：女士、先生、您、××部长（2分） 2. 礼貌词运用：请、谢谢、对不起（2分） 3. 岗位用语：您好，您的包里是否有疑似××（违禁品）的违禁品；您好，您包里是否有液体；您好，请问您包里的瓶子里装的是什么（3分）				
文明用语	1. 使用普通话，语言表达规范准确，口齿清晰（5分） 2. 对受检人的称呼应礼貌得体（5分） 3. "十字"文明用语（"您好""请""谢谢""对不起""再见"）（10分）				

练一练

一、选择题（可多选）

1. 安全检查员应使用文明执勤用语，热情有礼，不说（　　　）

　　A. 服务忌语　　　　B. 粗鲁语言　　　　C. 轻视语言　　　　D. 推脱语言

2. 表示冷漠、不耐烦、推脱的语句有（　　　）

　　A. 自己看，自己听　　　　　　B. 急什么

　　C. 你出过门吗　　　　　　　　D. 土老帽

3. 表示生硬、蛮横的语句有（　　　）

　　A. 乡巴佬　　　　　　　　　　B. 叫你站住怎么不站住

　　C. 你算什么东西　　　　　　　D. 叫什么

4. 表示讥讽、轻视的语句有（　　　）

　　A. 你坐过飞机吗　　　　　　　B. 你出过门吗

　　C. 看你就不是个好人　　　　　D 土老帽

二、简答题

人身检查岗位规范用语有哪些？

项目三　证件检查

📱 **项目导读**

　　证件检查是民航安检工作中的重要环节，也是安检人员必须掌握的基本技能之一。在证件检查过程中，安检人员负责核查旅客的有效身份证件、客票、登机牌，并识别涂改、伪造、冒名顶替等无效证件。通过对旅客证件的核查，确认旅客身份，可以有效防范违规使用证件的行为，从而有力保障航空器及旅客的生命财产安全。本项目主要介绍了各类乘机有效身份证件及其检查方法等内容。

● **学习目标**

　　1. 能够识别乘机有效身份证件及机场控制区通行证件。

　　2. 掌握证件检查的程序及方法。

　　3. 能够识别涂改、伪造、变造及冒名顶替证件。

　　4. 掌握客票、登机牌的查验相关知识。

　　5. 了解验证岗位交接班手续及内容。

任务一　识别旅客有效乘机证件

学习目标

✓ 1.掌握有效乘机证件的种类及相关知识。

✓ 2.能按照规定的程序实施证件检查及进行特殊情况的处理。

✓ 3.在学习任务中锻炼学生认真、严谨的工作态度。

能力目标

✓ 掌握居民身份证件检查的要领和方法。

任务导入
RENWU DAORU

　　旅客小张在北京首都国际机场 T3 航站楼准备乘坐国航航班前往深圳，此刻他正在验证台接受证件检查。请问，正在执勤的安检员小吴应该如何对旅客小张进行证件检查与核对呢？

知识准备
ZHISHI ZHUNBEI

　　根据《民用航空安全检查规则》第三十一条要求，乘坐国内航班的旅客应当出示有效乘机身份证件和有效乘机凭证。对旅客、有效乘机身份证件、有效乘机凭证信息一致的，民航安检机构应当加注验讫标识。

　　有效乘机身份证件的种类包括：中国大陆地区居民的居民身份证、临时居民身份证、护照、军官证、文职干部证、义务兵证、士官证、文职人员证、职工证、武警警官证、武警士兵证、海员证，香港、澳门地区居民的港澳居民来往内地通行证，台湾地区居民的台湾居民来往大陆通行证；外籍旅客的护照、外交部签发的驻华外交人员证、外国人永久居留证；民航局规定的其他有效乘机身份证件。

十六周岁以下的中国大陆地区居民的有效乘机身份证件，还包括出生医学证明、户口簿、学生证或户口所在地公安机关出具的身份证明。有效乘机身份证件类型如表 3-1 所示。

表 3-1　国内航班旅客的有效乘机身份证件类型

序号	有效身份证件的类型
1	中国大陆地区居民的居民身份证、临时居民身份证
2	护照、香港、澳门地区居民的港澳居民来往内地通行证、台湾地区居民的台湾居民来往大陆通行证、外籍旅客的护照、外交部签发的驻华外交人员证、外国人永久居留证、海员证
3	军官证、文职干部证、义务兵证、士官证、文职人员证、职工证、武警警官证、武警士兵证

✈ | 一、居民身份证类证件

（一）第二代居民身份证

1.第二代居民身份证件的式样

第二代居民身份证是由多层聚酯材料复合而成的单页卡式证件，采用非接触式集成电路芯片技术。证件规格为 85.6mm × 54mm × 1.0mm。证件正面印有"中华人民共和国居民身份证"的名称，使用彩虹扭索花纹（也称底纹），颜色以浅蓝色至粉红色再至浅蓝色的顺序渐变，过渡自然。庄严醒目的红色"国徽"图案位于证件正面左上方突出位置；证件名称分两行排列于"国徽"图案右侧；以点画线构成的浅蓝色写意"长城"图案位于国徽和证件名称下方，版面中心偏下位置，寓意"长治久安"。签发机关和有效期限两个项目位于证件下方。

证件背面同样印有彩虹扭索花纹，颜色与正面相同；还印有姓名、性别、民族、出生日期、住址、居民身份证号码和本人相片七个项目及持证人相关信息；在性别项目位置有定向光变色的"长城"图案；在相片与居民身份证号码项目之间则有光变色存储的"中国CHINA"字符。居民身份证正面、背面式样如图 3-1 所示。

图 3-1　居民身份证正面、背面式样

少数民族证件同时采用汉字与少数民族文字，根据少数民族文字书写特点，有两种编排格式。一种是同时使用汉字和蒙文的证件，蒙文在前，汉字在后，如图 3-2 所示；另一种是同时使用汉字和其他少数民族文字（如藏文、壮文、维吾尔文、朝鲜文等）的排版格式，少数民族文字在上，汉字在下，如图 3-3 所示。

图 3-2　蒙文居民身份证正面、背面式样

图 3-3　藏文居民身份证正面、背面式样

2. 第二代居民身份证编号编排规则

18 位编码的第二代居民身份证，前 1 ～ 6 位为行政区划代码，代表持证人首次申领居民身份证时的户口所在地区；第 7 ～ 14 位为出生日期代码，表示持证人的出生年月日；第 15 ～ 17 位为顺序代码，其中奇数分配给男性，偶数分配给女性。在查验或核查时，应注意核对持证人证件编号和性别是否匹配；第 18 位为校验码，如表 3-2 所示。

表 3-2　第二代居民身份证编号编排规则

代码	行政区划代码						出生日期代码							顺序代码			校验码
位数	1	2	3	4	5	6	7	8	9	10	11	12	13	14	15	16	17	18
实例	X	X	X	X	X	X	X	X	X	X	X	X	X	X	X	X	X	X
含义	省		市		县		年				月		日		奇数分配给男性 偶数分配给女性			0～9, X

居民身份证编号为持证人终生唯一号码，临时身份证编号与居民身份证编号的编排规则相同，但具体号码不同。身份证的核发有效期限与持证人年龄之间也存在一定关系。通常，0～15 岁居民身份证的有效期限为 5 年，16～25 岁居民身份证的有效期限为 10 年，26～45 岁居民身份证的有效期限为 20 年，46 岁以上居民身份证的有效期限为长期。

（二）临时身份证

临时身份证为单页卡式证件，其规格、登记项目均与第二代居民身份证相同。临时身份证的有效期限为 3 个月，有效期限自签发之日起计算。临时身份证的正面印有蓝色的长城、群山和网纹图案；背面印有黄色的网状图案，并在右上角粘贴有印有天安门广场图案的全息防伪标志。该全息防伪标志为矩形，规格为 12mm×9mm，由拱形环绕的天安门广场、五星和射线组成，图案呈现多种光谱色彩。全息防伪标志粘贴在证件背面右上角，距证件卡上边和右边均为 3mm。临时身份证正面和背面式样如图 3-4 所示。

图 3-4　临时居民身份证正面、背面式样

→ | 二、护照类证件

（一）护照

1. 护照的概念与作用

护照是一个国家的公民出入本国国境和到国外旅行或居留时，由本国政府发给的一种

证明该公民国籍和身份的合法证件。护照（Passport）一词在英文中意为口岸通行证，即护照是公民旅行通过各国国际口岸的一种通行证明。公民国际往来，必须持有本国政府颁发的合法护照，同时护照内必须具有前往国的有效签证，这样才能离开本国国境，进入前往国家或地区。

2. 护照的种类

各国颁发的护照种类不尽相同。以我国护照为例，根据《中华人民共和国护照法》规定，中华人民共和国护照是中华人民共和国公民出入国境和在国外证明国籍和身份的证件，任何组织或个人不得伪造、变造、转让、故意损毁或者非法扣押护照。根据安检人员经常接触的类型不同，护照可分为中国护照和外国护照。

（1）中国护照，包括外交护照（红色封皮）、公务护照（墨绿色封皮）、公务普通护照（深褐色封皮）和因私普通护照（红棕色封皮）。四种护照的类别、说明及图示，如表3-3所示。

表3-3　护照的类别、说明及图示

护照类别	说明	图示
外交护照	一国政府依法颁发给国家元首、政府首脑及高级官员，外交代表，使、领馆官员等从事外交活动使用的护照。护照封面颜色多种多样，但一般都印有"外交护照"字样的明显标识 我国外交护照由外交部签发，由外交官员、领事官员及其随行配偶、未成年子女和外交信使持用，封皮为红色	
公务护照	由外交部、中华人民共和国驻外使馆、领馆或者外交部委托的其他驻外机构以及外交部委托的省、自治区、直辖市和设区的市人民政府外事部门签发，由中华人民共和国驻外使馆、领馆或者联合国、联合国专门机构以及其他政府间国际组织中工作的中国政府派出的职员及其随行配偶、未成年子女持用	

续表

护照类别	说明	图示
公务普通护照	由外交部，中华人民共和国驻外使、领馆或者外交部委托的其他驻外机构以及外交部委托的省、自治区、直辖市和设区市人民政府外事部门颁发给中国各级政府部门副县、处级以下公务员和国有企事业单位因公出国人员等使用的护照	
因私普通护照	由公安部出入境管理机构或者公安部委托的县级以上地方人民政府公安机关出入境管理机构以及中华人民共和国驻外使馆、领馆和外交部委托的其他驻外机构签发，主要颁发给因定居、探亲、学习、就业、旅行、从事商务活动等非公务原因出国的中国公民	

（2）外国护照

国外大多数国家的护照也分为外交护照、公务护照、普通护照等几种类型。图3-5展示了几种常见的外国护照样式。

图3-5 美国、俄罗斯、欧盟、日本、西班牙普通护照

续图 3-5　美国、俄罗斯、欧盟、日本、西班牙普通护照

3. 护照的内容

以我国护照为例，普通护照的登记项目包括护照持有人的姓名、性别、出生日期、出生地，以及护照的签发日期、有效期、签发地点和签发机关。外交护照、公务护照的登记项目则包括护照持有人的姓名、性别、出生日期、出生地，以及护照的签发日期、有效期和签发机关。

4. 护照的有效期限

各国规定的护照有效期限不同。以我国护照为例，普通护照的有效期为：护照持有人未满十六周岁的有效期为 5 年，十六周岁以上的有效期为 10 年。外交护照、公务护照的签发范围、签发办法、有效期以及公务护照的具体类别，由外交部规定。外交护照和公务护照的有效期最长不超过 5 年。

（二）港澳居民来往内地、台湾居民来往大陆通行证

港澳居民来往内地通行证由中华人民共和国公安部出入境管理局签发，是具有中华人民共和国国籍的香港特别行政区及澳门特别行政区居民来往中国内地所用的证件，如图 3-6 所示。

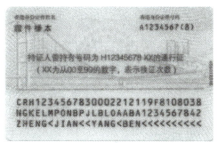

图 3-6　港澳居民来往内地通行证

台湾居民来往大陆通行证是中国台湾地区居民来往中国大陆地区所持有的证件，如图3-7所示。

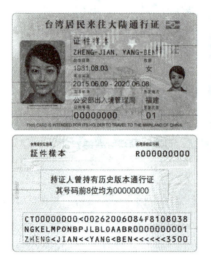

图 3-7   台湾居民来往大陆通行证

（三）外籍旅客乘机有效证件

外国人永久居留身份证，由中华人民共和国公安部签发，是外国人在我国境内证明自己身份的合法证件，是永久居留外国人享受在华资格待遇的有形凭证。

被批准在中国永久居留的未满十八周岁的外国人，发给有效期为 5 年的外国人永久居留身份证；被批准在中国永久居留的十八周岁以上的外国人，发给有效期为 10 年的外国人永久居留身份证。如图 3-8 所示。

图 3-8   外国人永久居留身份证

（四）海员证

海员证是海员出入本国国境和在境外通行使用的有效身份证件。中华人民共和国海员证由中华人民共和国海事局或其授权的海事机关颁发，包含签发国的声明，用于向其他所有国家表明持有人为本国公民身份，并请求允许其持有人过境，同时享有国际法所规定的待遇。封二页为个人资料页，记载的信息和排版方式与护照相仿，具体内容主要包括：证件类型、签发国代码、海员证号码、姓名、性别、国籍、出生地、出生日期、签发日期、有效期限及签发机关等，封皮为深蓝色，有效期一般为 5 年。如图 3-9 所示。

图 3-9　中国海员证

✈ | 三、军人相关有效乘机证件

2016 年 7 月 1 日，全军和武警部队现役军人统一启用新式证件。因此，军人相关的证件，其中多数为 2016 年式军人有效身份证件。

（一）中国人民解放军证件

1. 军官证和文职干部证

中国人民解放军军官证是配发给中国人民解放军军官和文职干部的本芯式身份证件，分为军官证和文职干部证，作用等同于居民身份证。封皮为暗红色人造革材质，正面上方印有烫金的"八一"军徽，军徽下方印有"中国人民解放军军官证"（文职干部证印有"中国人民解放军文职干部证"）烫金字样。军官证、文职干部证如图 3-10 所示。

 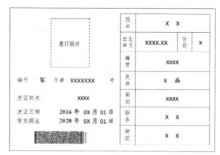

图 3-10 军官证、文职干部证

军官证证件号统一采取"军"冠字头加 7 位数字的形式编码，内芯登记内容包括持证人相片、编号、发证机关、发证日期、有效期、职务和衔级等内容。使用专用证券纸和专色油墨定制生产，运用浮雕、定位水印、安全线、缩微文字、无色荧光等多项防伪技术，易于检验识别，可通过军队干部部门查核验证。

2. 义务兵证、士官证、文职人员证

中国人民解放军义务兵证（封皮颜色为正红色）是配发给现役义务兵的本芯式证件，士官证（封皮颜色为正红色）是配发给现役士官的本芯式证件，文职人员证（封皮颜色为暗红色）是配发给现役文职人员的本芯式证件，均由中华人民共和国中央军事委员会发放，可当身份证用。义务兵证证件号统一采取"兵"冠字头加 7 位数字的形式编码，士官证证件号统一采取"士"冠字头加 7 位数字的形式编码，文职人员证证件号统一采取"文"冠字头加 7 位数字的形式编码，证件编号与存留档案的士兵登记表唯一编号一致，新增加密二维码。证件内芯登记内容与军官证相同。义务兵证、士官证、文职人员证如图 3-11 所示。

图3-11　义务兵证、士官证、文职人员证

（二）中国人民武装警察部队有效证件

1.警官证和文职干部证

警官证是中国人民武装警察部队现役警官身份的证明，由武警部队政治部门发放并管理，同样分为军官证和文职干部证。警官证封皮颜色为暗红色，证件中央正上方为烫金的警徽，警徽下方为烫金的"中国人民武装警察部队警官证"字样，最下方是烫金的"中华人民共和国国务院中央军事委员会"字样。证件号统一采取"武"冠字头加7位数字的形式编码，内芯内容和防伪技术同军官证类似，包括照片、编号、发证机关、发证日期、姓名、出生年月、性别、籍贯、民族、部别、职务、衔级等。武警警官证、文职干部证如图3-12所示。

图 3-12　武警警官证、文职干部证

2.义务兵证、士官证、文职人员证

中国人民武装警察部队士兵证同样分为义务兵证（封皮颜色为正红色）、士官证（封皮颜色为正红色）、文职人员证（封皮颜色为暗红色）。义务兵证件号统一采取"兵"冠字头加7位数字的形式编码，士官证证件号统一采取"士"冠字头加7位数字的形式编码，文职人员证件号统一采取"文"冠字头加7位数字的形式编码。证件编号与存留档案的士兵登记表唯一编号一致，新增加密二维码。证件内芯登记内容与警官证相同。武警义务兵证、士官证、文职人员证如图3-13所示。

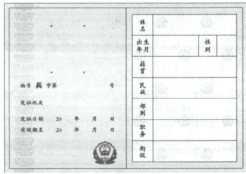

图 3-13　武警义务兵证、士官证、文职人员证

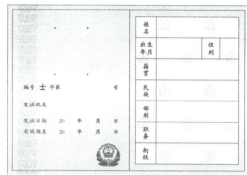

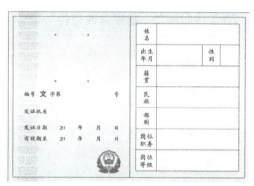

续图 3-13　武警义务兵证、士官证、文职人员证

✈ | 四、其他可以乘机的有效证件

（1）全国人民代表大会代表证（本届）、全国政协委员证（本届）。

（2）中国人民解放军、中国人民武装警察部队院校学员，凭学员证。

（3）出席全国、省、自治区、直辖市的党代会、人代会、政协会，工、青、妇代表会和劳模会的代表，凭所属县、团级（含）以上党政军主管部门出具的临时身份证明。

（4）十六周岁以下的中国大陆地区居民的有效乘机身份证件，还包括出生医学证明、户口簿、学生证或户口所在地公安机关出具的身份证明。

任务实施
RENWU SHISHI

📁 工作过程一　证件检查的实施

（1）检查中要注意看证件上的有关项目是否有涂改的痕迹。

（2）检查中要注意是否存在冒名顶替的情况，注意观察持证人的外貌特征是否与证件上的照片相符。如果发现可疑情况，应对持证人仔细查问。

（3）在证件核对中注意观察旅客穿戴有无异常，如戴墨镜、围巾、口罩、帽子等有碍辨别的着装，如有异常应请其摘下，以便于准确核对。

（4）在核对证件时要熟记查控对象的外貌特征，验证中要注意发现通缉、查控对象。

（5）验证中发现疑点时，要慎重处理，及时报告。

（6）注意工作秩序，集中精力，防止漏验证件或漏盖验讫章。

📁 工作过程二　识别涂改证件

在检查证件时，要特别注意查看证件上的姓名、性别、年龄、签发日期等关键信息是否有涂改的痕迹。涂改过的证件通常笔画粗糙、字迹不清。同时，也要查看纸张是否变薄，证件上是否有其他污损的痕迹。特别要注意，18 位身份证编码的第 15 ～ 17 位应为顺序码，其中奇数通常分配给男性，偶数分配给女性，这是判断证件真伪的一个重要原则。

📁 工作过程三　识别伪造、变造证件

（1）检查中要注意甄别证件的真伪，认真检查证件的外观式样、规格、塑封、印刷和照片等主要识别特征是否与规定相符，有无变造、伪造的疑点。查看证件规格是否统一，图案、防伪标记是否齐全清晰；而假证规格不一，手感较差，图案模糊不清，暗记模糊不清。

（2）检查真证内芯是否纸质优良、字迹规范、文字与纸张一体；而假证一般内芯纸张质地粗糙、笔画潦草、字迹不清、排列不齐，文字凸现纸上。二代身份证正反两面的花纹清晰，表面有摩擦力，表面为亚光，手感较硬；假证花纹模糊，表面光滑、反光明显，手感比较软。出生日期"日"字下面的"花"图案中间有"IMSFZ"缩微文字（身份证最中间位置）。

（3）真证印章边缘线宽窄一致，图案清晰，印章中字体大小一致，均匀规范，印油颜色深入纸张；而假证印章边缘线宽窄不一，图案模糊，印章中字体大小不一，粗细不一，印油颜色不均匀、发散。对揭换过照片的证件，查看重贴的照片边缘是否有明显粘贴痕迹，是否存在薄厚不均的现象，同时用透光检查很容易发现。在紫光灯下，真的居民身份证的印章显示红色荧光，伪造证件可能无荧光显现。

（4）立体层次识别：将身份证置于专用的仪器中，通过放大镜和特别灯光照射，可以

发现真证的网纹、照片、登记内容有明显的立体层次；而伪造证件的照片、网纹、登记内容却在同一平面上，显得比较呆板。"长城烽火台"图案（在证件背面性别处），垂直观察看不到图案，在相同视角不同方向观察反射光，颜色呈橘红色、绿色和紫色的各向异色特殊效果。

（5）网纹识别：在专用仪器的放大镜及灯光照射下，可以明显地发现真证网纹流畅、粗细均匀一致，色标纯正；而伪造证件的网纹粗细不一，时断时续，色标浓淡也不一样。身份证件背面"居""民""身"三个字宋体字是公安部为二代身份证专门设计的，其中"居""民"两字中的横笔右边不出头，与右边的竖笔平齐；"居""民"两字横笔的最右端与户字头的右边竖笔平齐；"身"字中间两横右侧不与整笔相连。

📁 工作过程四　识别冒名顶替证件

（1）检查中要注意查处冒名顶替的情况。要先看人后看证，注意观察持证人的外貌特征是否与证件上的照片相符，主要观察其五官的轮廓、大小，眼睛的距离与大小形状，嘴唇的薄厚与形状以及面形轮廓，特别是颧骨及下颚骨的轮廓等。发现有可疑情况，应对持证人仔细查问，弄清情况。一旦发现异常应立即报告值班主管做好登记，并移交机场公安机关审查处理。

（2）使用电子客票的旅客在办理乘机手续时，需要核对购票时输入的信息，确认姓名、身份证号码全部正确，然后才能为旅客办理登机牌。在核对证件时发现身份证、姓名有误的，必须要求旅客前往购票地点进行更改。对于丢失了身份证的旅客，告知旅客必须持身份证丢失地或户籍所在地公安部门出具的临时身份证明才可办理乘机手续，户口本、驾照、社保卡等不予办理。

📁 工作过程五　扫描登机牌并盖章

（1）验证人员在核对旅客的身份证件、客票和登机牌无误后，应在登机牌正联、副联分别加盖验讫章，并确保印迹清晰，避免漏盖、错盖。在登机口发现无登机牌或登机牌未加盖安检验讫章的旅客，不得允许其登机，并应立即报告安检部门值班主管处理。

（2）对按规定免检的人员，应在核对其免检介绍信、身份证件、客票和登机牌无误后，在其登机牌正联、副联各加盖免检章；对随行的非免检人员，应按规定检查后在其登机牌上加盖验讫章。若安检业务用章丢失或被盗，应立即报告值班主管。

📁 **工作过程六　处置特殊情况**

（1）发现旅客的证件存在问题时，首先将旅客的证件或客票控制在检查员手中，并密切关注旅客的动态。

（2）立即联系现场值班主管。

（3）等现场值班主管到达后，向现场值班主管详细说明情况，并将相关手续及旅客转交给值班主管进行处理。

异常证件处理

知识拓展 📊
ZHISHI TUOZHAN

一、第二代居民身份证的一般识别方法

二代居民身份证采用直观和数字两种防伪措施，针对这两种防伪措施，有关部门或个人在对居民身份证进行查验时，可以采用以下几种方法：

（1）核对相片。判别证件照片与持证人是否一致。

（2）查看彩虹印刷图案。身份证正面、背面底纹采用彩虹扭索花纹、精细、微缩印刷方式制作，色彩衔接处相互融合自然过渡，色彩变化部分没有接口。

（3）查看定向光变色的"长城"图案。自然光条件下，垂直观察看不到图案，和法线（垂直于图案平面的直线）成较大夹角时，才能看到；在正常位置观察，图案反射光颜色为橘黄色；当图案绕法线方向顺时针或逆时针旋转30°至50°时，图案反射光颜色为绿色；当旋转70°至90°时，图案反射光颜色为蓝紫色。

（4）在底纹中隐含有微缩字符。用放大镜可以看到，在身份证正面、背面印刷的彩虹扭索花纹中有微缩字符串"JMSFZ"，即"居民身份证"五字的汉语拼音字头。

（5）查看光变光存储"中国CHINA"字样。在相片下方可观测到光变光存储的"中国CHINA"字样，字符串周围有渐变花纹，外观呈椭圆形。改变观察角度可以看到亮字暗底和暗字亮底的正负镶嵌效果。

（6）使用紫外灯光观测，可以发现荧光印刷的"长城"图案。

（7）证件芯片采用数字防伪措施，可在对证件机读时完成认证。持证人的照片图像和身份项目内容等数字化后采用密码技术加密，存入芯片，通过专业证件阅读器读取芯片内的机读信息，并进行解密运算处理后，自动辨别其真伪。

二、旅客因故不能出示居民身份证件的处理

（1）全国人民代表大会代表、全国政协委员凭出席本届全国人民代表大会代表证、全国政协委员证可以放行。

（2）出席全国或省、自治区、直辖市的党代会，人代会，政协会，工、青、妇代会和劳模会的代表，凭所属县、团级（含）以上党政军主管部门出具的临时身份证明可以放行。

（3）省、部级（含副职）以上要客，如无居民身份证，凭省、部级（含）以上单位出具的临时身份证明信可以放行。

（4）解放军、武警部队官兵及其文职干部、离退休干部、院校学员和职工，可凭所在部队团以上单位出具的临时身份证明可以放行；退伍军人凭退伍证，转业军人凭转业证，自签发日期起六个月内可以放行。

（5）对持中华人民共和国外交护照、公务护照、因公普通护照和因私普通护照的，在护照有效期内可以放行。

（6）十六岁以下未成年人，凭学生证、户口簿或者户籍所在地公安机关出具的身份证明可以放行；十二岁以下儿童，凭半票或十分之一客票，免检身份证件。

（7）遗失居民身份证的旅客，凭户籍所在地派出所出具的临时身份证明可以放行。在户籍所在地以外被盗或丢失的，凭发案、报失地公安机关（地方公安机关或民航公安机关）出具的临时身份证明可以放行。

（8）旅客在申办居民身份证期间，凭贴有本人照片，并加盖户籍所在地派出所户籍专用章的申领居民身份证回执可以放行。

（9）境外人员在中国旅行期间遗失护照证件的，凭公安机关出入境管理部门出具的遗失证明（须贴有本人照片、注明有效期）可以放行。

（10）对持民航公安机关出具的"乘坐民航飞机临时身份证明"的旅客，在有效期内予以放行。

阅读与思考
YUEDU YU SIKAO

近日，首都机场安检员李伟在三号航站楼国内安检现场执行验证检查任务。他和

往常一样，严格遵循"查、录、核、盖"的验证程序，仔细核对、查验每位旅客的乘机证明。在对一名男性旅客的乘机证件进行人证对比时，李伟发现该旅客本人与身份证件上的照片相似度不高，于是他立即将此事上报给值班科长。经值班科长询问，该男子承认证件并非本人所有。随后，该旅客被移交给机场值班民警处理，民警到场后，将该旅客带回派出所做进一步处理。

严谨的工作态度、过硬的业务素质以及强烈的责任感，这些都是一名优秀的安检员必不可少的品质。

考核评价

小组成员需分别扮演旅客和安检人员，执行居民身份证件查验任务。完成后填写查验居民身份证件考核评价表，如表3-4所示。

表3-4　查验居民身份证件考核评价表

项目	评分标准	小组自评	小组互评	教师点评	实际得分
仪容仪表（20分）	1.穿着统一制服；用发带盘发，无碎发；未佩戴饰品（手表、手链、耳环、项链等）；未染指甲，指甲干净（20分） 2.穿着统一制服；用发带盘发，有碎发；未佩戴饰品（手表、手链、耳环、项链等）；未染指甲，指甲干净（15分） 3.未穿制服；盘发有碎发；佩戴有少量饰品；未染指甲，指甲干净（10分） 4.未穿制服；未盘发；佩戴造型夸张的饰品；指甲不干净（5分）				
站姿微笑（20分）	1.站姿规范，微笑自然（20分） 2.站姿较规范，微笑基本自然（15分） 3.有微笑，站姿不符合岗位规范（10分） 4.无微笑，站姿不符合岗位规范（5分）				
文明用语（20分）	1.能正确使用岗位文明用语（20分） 2.较准确使用岗位文明用语（15分） 3.基本能使用岗位文明用语（10分） 4.不能使用岗位文明用语（5分）				
证件检查（20分）	1.能够准确按照操作流程识别旅客的证件（20分） 2.较准确按照操作流程识别旅客的证件（15分） 3.基本能识别旅客居民身份证的防伪暗记（10分） 4.不能正确识别旅客的身份证件（5分）				

续表

项目	评分标准	小组自评	小组互评	教师点评	实际得分
动作规范（20分）	1. 能够按照一看、二对、三问的方法识别证件，加盖安全验讫章（20分） 2. 符合人证对照，核对三证，扫描登机牌，加盖安全验讫章（15分） 3. 基本符合人证对照，核对三证，扫描登机牌，加盖安全验讫章（10分） 4. 基本符合证件检查程序，忘记加盖安全验讫章（5分）				
总得分	实际得分 = 教师点评 40%+ 小组互评 30%+ 小组自评 30%。				

练一练

一、选择题（可多选）

1. 常见有效乘机证件种类包括（　　　　）

　　A. 居民身份证　　　　　　　　B. 军、警类证件

　　C. 护照类证件　　　　　　　　D. 退伍证

2. 以下证件属于部队证件的有（　　　　）

　　A. 军官证　　　　　　　　　　B. 警官证

　　C. 侦察证　　　　　　　　　　D. 学员证

二、填空题

1. 临时身份证的有效期是 _____ 。

2. 查验证件时应采取检查、观察和询问相结合的方法，具体为一看、二 _____ 、三问。

3. 旅客持涂改、伪造、变造、冒名顶替证件乘机的情况，一旦发现异常应立即报告值班主管做好登记，并移交机场 _____ 审查处理。

三、简答题

1. 乘机有效证件可归纳为哪几大类？

2. 简述发现查控对象时的处理方法。

任务二　识别客票和登机牌

学习目标

✓ 1. 了解客票和登机牌的查验内容。

✓ 2. 能够按照规定程序实施证件检查及登机牌的核验。

✓ 3. 锻炼学生认真、严谨的工作态度，培养学生良好的职业素养。

能力目标

✓ 能够准确识别有效乘机证件、客票和登机牌。

任务导入 RENWU DAORU

在广州白云国际机场 B 区的安检 23 号通道，旅客周先生走向验证台，递交了登机牌和驾驶证给安检员小吴。安检员小吴该如何检查这位旅客的证件、客票和登机牌呢？

知识准备 ZHISHI ZHUNBEI

✈ ｜ 一、旅客的定义

根据《民用航空安全检查规则》（CCAR-339-R1）第九章附则第八十八条，"旅客"，是指经公共航空运输企业同意在民用航空器上载运的除机组成员以外的任何人。

✈ | 二、客票的定义与一般规定

（一）定义

《公共航空运输旅客服务管理规定》（CCAR-273）第十一章附则第六十三条定义，客票是运输凭证的一种，包括纸质客票和电子客票。

《消费者航空旅行指南》术语释义定义，客票指由承运人或代表承运人所填开的被称为"客票"及行李的凭证，包括运输合同条件、声明、通知以及乘联和旅客联等内容。

《中国民用航空电子客票暂行管理办法》第一章总则第三条定义，电子客票是指由空运企业或其销售代理企业销售并赋予运输权利的以电子数据形式体现的有效运输凭证，是纸质客票的电子替代产品。

综上，"客票"是承运人或其授权代理人销售或认可的有效文件，赋予旅客运输权利。它分为纸质客票和电子客票两种形式。纸质客票由承运人或其代表填开，包含"客票及行李票"的凭证，涵盖运输合同条件、声明、通知以及乘机联和旅客联等。电子客票则是承运人或其销售代理企业以电子数据形式销售的有效运输凭证，作为纸质客票的电子替代产品。客票及行李票、客票行程单如图3-14所示。

图3-14　客票及行李票、客票行程单

（二）种类

客票按照旅客的年龄可分为婴儿票、儿童票与成人票；按航程可分为单程客票、联程客票与往返程客票；按航班和乘机时间的确定性可分为定期客票和不定期客票。

1. 根据旅客年龄

（1）婴儿票：适用于出生 14 天至未满 2 周岁的婴儿。标识为 INF，按全票价的 10% 购买，不含机场建设费和燃油费，不占座位，订座编号与成人同。每位成人限带一名婴儿，超出需购买儿童票。

（2）儿童票：适用于已满 2 周岁至未满 12 周岁的儿童。标识为 CHD，按全票价的 50% 购买，免机场建设费，需支付 50% 燃油费。

（3）成人票：适用于 12 周岁以上的旅客。

2. 根据航程

（1）单程客票：仅涵盖一个航段的旅程。

（2）联程客票：涵盖两个或更多航段的旅程，例如昆明—广州—海口。

（3）往返程客票：从出发地至目的地后按原航程返回，如昆明—北京—昆明。

3. 根据航班和乘机时间的确定性

（1）定期客票：航班、座位等级、乘机日期和起飞时间均已确定。

（2）不定期票：航班、座位等级、乘机日期和起飞时间均未确定。

（三）客票的一般规定

（1）客票上应注明承运人名称、出票人名称、出票时间、地点、旅客姓名、航班始发地点、目的地点、航班号、舱位等级、日期和离站时间、票价和付款方式、票号、运输说明等内容。

（2）客票为记名票，只限客票上所列姓名的旅客本人使用，不得转让和涂改，否则客票无效，票款不退。

（3）旅客应在客票有效期内，完成客票上所列明的全部航程。旅客使用客票时，应交验有效客票，包括乘机航程段的乘机联和全部未使用并保留在客票上的其他乘机联和旅客联。缺少上述任何一联，客票即为无效。

（4）国际和国内联程客票中的国内联程段乘机联可在国内联程航段使用，无需换开成国内客票；旅客在我国境外购买的使用国际客票填开的国内航空运输客票，应换开为我国国内乘机日期和航班相应的国内客票。

（5）客票自旅行开始之日起，一年内运输有效。如果客票全部未使用，则从填开客票之日起，一年内运输有效；有效期的计算从旅行开始或填开客票之日的次日零时起至有效期满之日的次日零时为止。

✈ | **三、登机牌的内容与使用规定**

（一）登机牌的内容

目前国内使用的登机牌其主要内容有航班号、日期、旅客姓名、座位号（国际航班分为吸烟区与非吸烟区座位号）、目的地和登机口等。登机牌上有明显的头等舱（F）、公务舱（C）、经济舱（Y）字样及航空公司名称和航徽等。登机牌如图 3-15 所示。

图 3-15　登机牌

（二）使用规定

登机牌是旅客对号登机入座和地面服务人员清点登机旅客人数的依据，与客票一起构成旅客乘机的凭证。旅客在接受安全检查时，登机牌应与本人身份证件、客票同时出示，由安检人员检查后在登机牌上加盖验讫章。登机时由值机人员查验登机牌。

任务实施
RENWU SHISHI

📁 **工作过程一　证件检查的准备工作**

（1）验证员按时到达现场，做好工作前的准备。即按以下内容办理交、接班手续：上级的文件、指示，执勤中遇到的问题及处理结果，设备使用情况，遗留问题及需要注意的事项等。

（2）验证员到达验证岗位后，应将安检验讫章放置在验证台的相应位置，进入待检状态，并检查第二代身份证阅读器是否能够正常工作；同时，验证员还需确保安检信息系

统处于正常工作状态，并输入个人 ID 号以进入待检状态。第二代身份证阅读器如图 3-16
所示。

图 3-16　第二代身份证阅读器

📁 工作过程二　证件检查程序

（1）人证对照。验证员在接证件的同时，要注意观察持
证人的"五官"特征。如遇旅客戴墨镜、围巾遮挡面部、戴
口罩、戴帽子等影响检查的情况，应请其摘下，以便准确核
对。接着对比证件上的照片与持证人"五官"是否相符。如
果有疑问，必须核实清楚，必要时请示值班主管。人证对照
的工作情境如图 3-17 所示。

证件检查岗位工作程序

图 3-17　人证对照

（2）核对"三证"。对于持纸质登机牌的旅客，验证员需进行以下核对：一是核对证
件上的姓名与客票上的姓名是否一致，若不一致，应要求旅客到航空公司柜台重新办理；
二是核对客票是否有效，有无涂改痕迹（电子客票无须核对此项），并查看客票与登机牌上的始发地与目的地是否一致；三是核对登机牌所注航班是否与客票一致，并对登机牌上的日期、航班号、始发地、目的地、旅客姓名、登机时间等信息进行查验，如图 3-18 所示；四是查看证件是否有效。

图 3-18   登机牌主要查验信息

对于持电子登机牌的旅客，验证员应使用扫描枪扫描旅客手机 APP 中的二维码，读取旅客信息，并确认信息系统中显示出的旅客信息与其有效乘机身份证件信息一致。同时，应正确采集旅客正面头像。电子登机牌查验工作场景如图 3-19 所示。

图 3-19   电子登机牌查验工作场景

核对"三证"规范用语

（3）扫描旅客的登机牌，自动采集并存储旅客相关信息，同时查对持证人是否为查控对象。对旅客登机牌上的条码进行扫描，读取旅客信息；若验证系统未录入旅客信息，则采用手工输入方式录入。遇到同名同姓的旅客，务必核实清楚。验证员应礼貌询问，如："您好，可以说一下您的身份证号码吗？"同时，观察旅客的表情，并使用身份证识别仪识别证件。若无误，则感谢旅客的配合并放行；若无法排除疑点，应说："您好，您的证件与我们的要求不符，我需要请示值班主管，请您稍等！"然后将旅客移交值班主管，并填好移交单据。

（4）查验无误后，按规定在登机牌上加盖验讫章放行，如图 3-20 所示。

图 3-20　加盖验讫章示意图

验讫章实行单独编号、集中管理，并落实到各班（组）使用。安检验讫章不得带离工作现场，如遇特殊情况需带离，必须经安检部门主管批准。在乘机有效证件、客票、登机牌核对无误后，必须加盖安全验讫章。

📁 工作过程三　处理过期身份证件

在核对证件时，如发现旅客所持居民身份证件过期在六个月以内的，可予以放行；超过六个月的，不予放行。如旅客所持临时居民身份证过期，在十五天以内的，须经站内值班主管批准后放行，超过十五天的，不予放行。

📁 工作过程四　处理查控对象

在检查中发现查控对象时，应根据不同的查控要求，采取不同的处理方法。

发现被通缉的犯罪嫌疑人时，要沉着冷静、不露声色，待其进入安检区时，按预定方案处置，同时报告值班主管，尽快与布控单位取得联系；将嫌疑人移交布控单位时，要做好登记，填写移交清单并双方签字。对同名同姓的旅客，在没有十足把握的情况下应及时报警处理。

📁 工作过程五　处理特殊情况

如遇携带枪支乘机的警卫人员，检查员应认真查验其有效身份证件、省（自治区、直辖市）公安厅（局）开具的持枪警卫人员证明信和本人持枪证，如图 3-21 所示。核对无误后填写携枪警卫人员登机通知单及存根，上报值班班长。值班班长应派人将携枪警卫人员登机通知单及存根书面通知机组，通知单交机组，存根由要客通道自行留存。

图 3-21　持枪证式样

📁 工作过程六　办理交班接班手续

根据工作过程中出现的问题，记录当天工作情况及仪器使用情况，并办理好交班接班手续。应强调安检人员在位情况；小结当天执勤情况；表扬好人好事，批评不良现象；对下一班勤务提出具体要求；对工作中发生的问题应及时上报。

知识拓展
ZHISHI TUOZHAN

一、重要旅客范围

（1）省部级（含副职）以上的负责人。

（2）军队在职正军职少将以上的负责人。

（3）公使、大使级外交使节。

（4）由各部、委以上单位或我驻外使、领馆提出要求按重要旅客接待的客人。

二、免检范围

（1）国家高级领导人及其代表团成员：包括中共中央总书记，中央政治局常委、委员、候补委员，中央书记处书记，中央军事委员会主席、副主席、委员，全国人大常委会委员长、副委员长，国务院总理、副总理、国务委员，全国政协主席、副主席，最高人民法院院长，最高人民检察院检察长等。上述领导人及其率领的出访代表团全体成员均免于安全检查。

（2）外国高级领导人及其代表团成员：应邀来我国访问（包括过境、非正式访问）的外国副总统、副总理、副议长及以上级别的领导人，以及他们率领的代表团全体成员，均免于安全检查。

（3）特定级别外交官员：应邀来我国访问的外国部长级官员，以及我国中央各部正部长率领代表团出访时，部长本人可免于安全检查。

（4）外交使节及其家属：大使夫妇、总领事夫妇，在经承运航空公司同意，并由该公司人员陪同或出具证明的情况下，可免于安全检查。对于乘坐班机的其他各国外交官、领事官员及其亲属，以及他们携带的行李物品，同样可按上述办法处理。

（5）特殊陪同人员：随同国家保护对象乘坐民航班机的首长工作人员，以及我方接待属于免检范围外宾的陪同人员，可凭中共中央、全国人大常委会、国务院、中央军委、有关部委或省、自治区、直辖市党委、人民政府出具的证明免于安全检查。

阅读与思考
YUEDU YU SIKAO

2017 年 7 月 16 日，飞往上海的 HO1252 航班在乘客全部登机后，乘务组在复检人数时发现人数多出，多出一名为未购票的 4 岁儿童。该儿童在安检口和登机口均未被发现。为了查明情况，机组决定将该儿童及其同行的两名成人和另外两名儿童一行共 5 人请下飞机，进行清舱检查。最终，这次事件导致航班延误了 5 个多小时。

经过调查，发现该儿童确实在登机前未经查验有效乘机证明，但已经通过了安全检查。这个案例暴露出无论是航空公司委托的地面代理还是机场安检人员在工作中的疏漏。因此，这要求所有参与安检工作的相关人员必须严格履行自己的岗位职责，工作时需保持高度的认真和细心，做到严格检查、文明执勤，以确保旅客的安全，杜绝任何安全隐患。

小组成员分别扮演旅客和安检人员，模拟客票、证件及登机牌的查验流程，并填写查验居民身份证件考核评价表，如表3-5所示。

表3-5　查验居民身份证件考核评价表

项目	评分标准	小组自评	小组互评	教师点评	实际得分
仪容仪表（20分）	1.穿着统一制服；用发带盘发，无碎发；未佩戴饰品（手表、手链、耳环、项链等）；未染指甲，指甲干净（20分） 2.穿着统一制服；用发带盘发，有碎发；未佩戴饰品（手表、手链、耳环、项链等）；未染指甲，指甲干净（15分） 3.未穿制服；盘发有碎发；佩戴有少量饰品；未染指甲，指甲干净（10分） 4.未穿制服；未盘发；佩戴造型夸张的饰品；指甲不干净（5分）				
站姿微笑（20分）	1.站姿规范，微笑自然（20分） 2.站姿较规范，微笑基本自然（15分） 3.有微笑，站姿不符合岗位规范（10分） 4.无微笑，站姿不符合岗位规范（5分）				
文明用语（20分）	1.能正确使用岗位文明用语（20分） 2.较准确使用岗位文明用语（15分） 3.基本能使用岗位文明用语（10分） 4.不能使用岗位文明用语（5分）				
证件检查（20分）	1.能够准确识别旅客的有效乘机证件、客票和登机牌，符合岗位规范（20分） 2.较准确识别旅客的有效乘机证件、客票和登机牌，较符合岗位规范（15分） 3.基本能识别旅客的有效乘机证件、客票和登机牌，基本符合岗位规范。10分 4.不能识别旅客的有效乘机证件、客票和登机牌，不符合岗位规范（5分）				
动作规范（20分）	1.正确识别旅客登机证件，符合"一看二问三对"原则（20分） 2.基本能正确识别旅客登机证件，检查动作比较符合岗位规范（15分） 3.能识别旅客登机证件，检查动作混乱，不符合岗位规范（10分） 4.识别旅客登机证件不认真，出现明显错误，不符合岗位规范（5分）				
总得分	实际得分＝教师点评40%＋小组互评30%＋小组自评30%。				

练一练

一、单选题

1. 查验旅客乘机手续时，应核实登机牌的（　　）与有效乘机身份证件是否相符，身份证件是否在有效期内。

　　A. 身份证号　　　　　　　　B. 姓名

　　C. 出生日期　　　　　　　　D. 性别

2. 证件核查情况处置，遇（　　）下列情形，不予放行。

　　①有效乘机证件上的姓名与乘机凭证上的姓名不一致的。

　　②有效乘机证件姓名与信息系统不一致的。

　　③旅客有效乘机凭证登记的姓名、航班、日期等主要信息与信息系统不一致的。

　　A. ①②　　　　　　　　　　B. ①②③

　　C. ①③　　　　　　　　　　D. ②③

3. 证件核查作业流程顺序（　　）。

　　①扫描录入乘机信息。

　　②核对旅客乘机信息。

　　③查验旅客乘机手续。

　　④加盖安检验讫标识、放行。

　　A. ③①④②

　　B. ②③①④

　　C. ④③①②

　　D. ①②③④

4. 验讫章实行单独编号、集中管理的模式，落实到各（　　）使用。

　　A. 个人

　　B. 通道

　　C. 班组

　　D. 安检站

二、多选题

遇有下列（　　）情形，不予放行，安检验证员应告知旅客联系航空公司处理，经航空公司确认并更正后，予以放行。

A. 有效乘机证件上的姓名与乘机凭证上的姓名不一致的。

B. 有效乘机证件姓名与信息系统不一致的。

C. 旅客有效乘机凭证登记的姓名、航班、日期等主要信息与信息系统不一致的。

D. 使用有效乘机身份证件复印件的、使用过期证件的、使用非有效乘机身份证件的。

三、简答题

简述证件检查的程序和方法。

任务三　识别机场控制区通行证件

学习目标

✓ 1. 能正确识别机场控制区通行证证件。

✓ 2. 了解机场控制区的种类、式样及适用范围。

✓ 3. 锻炼学生认真、严谨的工作态度，培养学生良好的职业素养。

能力目标

✓ 掌握查验机场控制区通行证件的程序及方法。

任务导入

RENWU DAORU

2021年6月，上海浦东机场内一家免税店员工小张，利用休假时间与丈夫一同前往澳门旅游。她向丈夫炫耀自己持有机场通行证，无需排队等候边检，仅携带手机和机场限定区域的通行证，便通过机场工作人员通道进入了机场限定区。在通过边检号位通道（工作人员专用）时，当值边检民警向其询问为何单独一人而非与其他免税店员工一同进入，张小姐谎称自己即将下班，忘记取物，进去取好便会出来。她成功骗过了几道关口的工作人员，但最终在登机口被边检民警查获。

机场工作人员应该如何做才能避免类似的事件发生？

一、机场控制区通行证

机场控制区通行证件可采用英文字母来表示允许持证人进入（或到达）的区域，或采用阿拉伯数字来表示允许持证人进入（或到达）的区域，还可以采用中文直接描述持证人可进入（或到达）的区域，如机场控制区、机场隔离区、停机坪等。机场控制区通行证式样如图 3-22 所示。

图 3-22　机场控制区通行证式样

全国各机场使用的机场控制区证件代码有所不同，主要用以下几种方式表示不同的区域：

（1）用英文字母（A、B、C、D 等）表示允许持证人进入（或到达）的区域。

（2）用阿拉伯数字（1、2、3、4 等）表示允许持证人进入（或到达）的区域。

（3）用中文直接描述允许持证人进入（或到达）的区域（如：机场控制区、机场隔离区、停机坪等）。

二、民航统一制作的工作人员证件

（一）空勤登机证

空勤登机证适用于全国各民用机场控制区（含军民合用机场的民用部分）。空勤人员执行飞行任务时，应穿着空勤制服（因工作需要穿着其他服装的除外），佩戴空勤登机证，经过安全检查进入候机隔离区或登机。因临时租用的飞机或借调人员等原因，空勤人员需登上与其登机证适用范围不同的其他航空公司飞机时，机长应主动告知飞机监护人员。空勤登机证式样如图 3-23 所示。

图 3-23 空勤登机证式样

（二）公务乘机通行证

公务乘机通行证全称为"中国民航公务乘机通行证"。该证件上包含姓名、性别、单位、前往地点、使用期限、签发人、签发日期、备注等项目。签发公务乘机通行证时应当打印或用蓝黑、碳素墨水笔手工填写，确保字迹工整，不得涂改，并在"骑缝章"和"单位印章"处加盖签发单位印章。

每张公务乘机通行证仅向 1 人签发，有效期一般为 7 日，特殊情况下最长不得超过 3 个月。前往地最多填写 4 个，应当用大写数字标明地点数目。通行证仅限在证件"前往地点"栏内填写的机场使用。公务乘机通行证式样如图 3-24 所示。

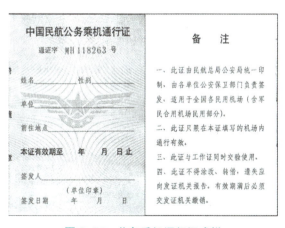

图 3-24 公务乘机通行证式样

（三）航空安全员执照

航空安全员执照由民航局公安局颁发。航空安全员执照只适用于专职航空安全员，适用范围与空勤登机证相同。航空安全员执照式样如图 3-25 所示。

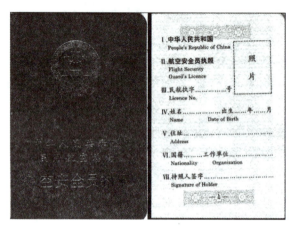

图 3-25　航空安全员执照

（四）特别工作证

特别工作证持有者可免检进入全国各民用机场控制区、隔离区或登机（但不代替客票乘机）检查工作。

✈ | 三、民航各机场自行制作的证件

除民航统一制作的证件外，机场还可自行制作各种类型的证件。从时限上可分为长期、临时和一次性证件；从使用范围上可分为通用、客机坪、候机楼隔离区和国际联检区等区域性证件；从使用人员上可划分为民航工作人员、联检单位工作人员和外部人员等。

（一）民航工作人员通行证

这是发给民航内部工作人员因工作需要进出某些控制区域的通行凭证，由所在机场统一制发和管理。各机场的这类证件外观式样、颜色不尽相同，但必须具备以下项目：机场名称、持证人近期照片、有效起止日期、可进入的控制区区域、持证人姓名、持证人单

位、证件编号、发证机构（盖章）、防伪标识等。证件背面应有说明，允许通行和到达的区域一般分为候机隔离区（有的分国际和国内两部分）、客机坪、联检厅、登机区等。

（二）联检单位人员通行证

此证适用于对外开放的有国际航班的机场，主要发给在机场工作的联检单位的有关工作人员。这些单位一般是海关、公安边防、卫生检疫、动植物检疫、口岸办、出入境管理部门等。此证由所在机场制发和管理，其使用范围一般只限于与持证人员工作相关的区域。

（三）外部人员通行证

因工作需要进入机场有关区域的民航以外的有关单位的工作人员需持有此证。这类证件又分为"专用"和"临时"两种。专用证有持证人照片；临时证无持证人照片。专用证的登记项目内容与上述证件相同；临时证则没有那么多内容，但必须有允许到达的区域标记。此证件一般与本人身份证同时使用，必须经安全检查后方可进入隔离区、客机坪。

（四）专机工作证

专机工作证由民航公安机关制发。专机工作证一般为一次性有效证件，发给与本次专机任务有关的领导、警卫、服务等相关工作人员。凭专机工作证可免检进入本次任务相关的工作区域。

（五）包机工作证

包机工作证由民航公安机关制发和管理，发给与航空公司包机业务有关的人员。持证人凭证可进入包机工作相关区域。证件内容根据使用时间长短而定。短期的应贴有持证人照片，一次性的可免贴照片。

✈ 四、其他人员通行证件

（一）押运证

此证主要适用于有押运任务的单位和负责押运任务的工作人员。担负机要文件、包机和特殊货物押运的人员，在飞机到达目的地或中途站时，可凭押运证在客机坪监卸和看管所押运的货物。押运证式样如图 3-26 所示。

图 3-26　押运证式样

（二）军事运输通行证

使用人员为与军事运输工作相关的人员，可凭证到达与此相关的区域。此证件应注明持证人单位、姓名、有效期限并加盖签发单位印章。军事运输通行证（军人通行证）式样如图 3-27 所示。

图 3-27　军事运输通行证（军人通行证）式样

（三）侦察证

国家安全机关的工作人员，因工作需要进出当地机场隔离区、停机坪时，凭机场通行证件通行；在外地执行任务时，凭省、自治区、直辖市国家安全机关介绍信（或国家安全机关局级单位介绍信）和侦察证进入上述区域。国家安全机关人员所持侦察证乘机执行任务时，机场安检部门按正常安检程序对其实施安全检查。

✈ | 五、车辆通行证

凡进入机场控制区的车辆必须持有专用的通行证件。证件需具备以下内容和要素：机场名称、车辆类型及编号、有效起止日期、可进入的控制区区域、准许通行的道口、车辆使用单位、证件编号、发证机构（盖章）、其他技术要求等。车辆控制区通行证式样如图3-28所示。

图 3-28 车辆控制区通行证式样

📁 工作过程一 检查机场控制区通行证件

（1）查看证件外观式样、规格、塑封、印刷、照片是否与规定相符，确认证件是否有效。

（2）检查持证人与证件照片是否一致，通过五官外貌特征确认是否为持证人本人。

（3）核对持证人到达的区域是否与证件限定的范围相符。

（4）检查证件的有效期以及证件的通行范围是否覆盖该区域。

如有任何可疑之处，应向证件所注明的使用单位或持证人本人核实清楚，并请示值班主管。若确认为本人且证件有效，则予以放行；若非本人，则稳住持证人并移交值班主管处理。

🗁 工作过程二　检查工作人员证件

（1）检查证件外观式样、规格、塑封、印刷、照片是否与规定相符，确认证件是否有效。

（2）核对持证人与证件照片是否一致，检查持证人的五官特征是否与照片相符。

（3）确认持证人证件的适用区域和权限。

（4）检查完毕后，将证件交还持证人。

经查验无误的予以放行，不符合规定的拒绝进入。

🗁 工作过程三　查验机组人员证件

（1）查验机组人员空勤登机证，辨别真伪，确保人证对应。

（2）对加入机组的人员，应查验其中国民航公务乘机通行证（或加入机组证明信）、有效身份证件（或工作证件、学员证）。

🗁 工作过程四　查验一次性证件

当持有一次性证件的持证人进入控制区相关区域时，验证员应检查其通行证件的区域权限和有效期。验证员应在其所持一次性证件相关区域字母上使用打孔器打孔，每进入一个区域打一个孔。一次性证件仅限在所属航站楼内使用，禁止跨航站楼使用。具体办法按各机场相关规定执行。民航控制区一次性通行证式样如图3-29所示。

图3-29　民航控制区一次性通行证式样

🗁 工作过程五　特殊情况处置

（1）驻场单位因工作需要持一次性通行证进入控制区的人员，应由一次性通行证中所注明的驻场单位持长、短期通行证人员全程引领、陪同。

（2）非驻场单位（如使领馆人员）进入机场控制区时，验证员应查验其本人有效身份证件（如身份证、外交官证等）。

（3）当持证人进入相关区域时，验证员应查验陪同的工作人员（驻场单位）控制区证件，确保人证一致、区域符合，且需与一次性证件上标明的陪同人员姓名一致。

（4）警卫人员专用公务证件不能单独作为进入隔离区证件使用，持证警卫人员需由分局警卫处民警同行，并持有任务通知单，给予免检。

（5）分局警卫处民警在执行警卫任务以及警卫任务以外的特殊任务需进入隔离区时，凭分局警卫处隔离区工作证件和徽章进入，给予免检。

（6）如因工作需要确需携带工具进入控制区的，须按照机场控制区危险工具器材携带管理规定办理相关手续；运送大宗液态物品进入控制区的，须按照机场控制区大宗液态物品运送管理规定办理相关手续。

（7）通行证持有人在通过设有生物识别门禁系统的通道时，应按照查验人员的要求主动配合验证及人像识别检查；通过装有人像识别系统的通道时，须正脸面对镜头，保证人脸影像占屏幕宽度大于1/3，如眼镜有倒影，应摘下眼镜配合检查。

（8）通行证持有人应主动接受验证人员的查验，进入隔离区时，应接受安全检查；在2人以上同时通过时，应逐一接受查验。

小提示

违规处罚

(1) 不主动刷卡验证的，查验人员可对其进行现场纠正，并给予批评教育。

(2) 不刷卡验证、拒绝查验人员查验的，可暂扣其通行证15日以上、30日以下，并通知其申办单位。

(3) 强闯控制区、与查验人员发生冲突情节严重的，收回其通行证，3个月内不得重新申请办理；造成严重后果的，注销其通行证；构成违法犯罪的，依法追究其法律责任。

(4) 逃避安检进入机场控制区的，注销通行证或取消办证资格，并通知其申办单位；有违法犯罪行为的，依法进行处理。

知识拓展
ZHISHI TUOZHAN

一、控制区证件日常保管

1. 通行证持有人应妥善保管通行证，不得转借、涂改、损毁通行证。

小提示

违规处罚

（1）因保管不善导致本人通行证被盗用或冒用的，暂扣其通行证 15 日以上、30 日以下，并通知其申办单位。

（2）将通行证借给他人使用，或冒用他人通行证、涂改通行证的，收回其通行证，3 个月内不得重新申请办理；造成严重后果的，注销持有人通行证；构成违法犯罪的，依法追究其法律责任。

（3）伪造、变造或使用伪造、变造的通行证的，注销通行证或取消办证资格，并通知其申办单位；有违法犯罪行为的，依法进行处理。

2. 通行证持有人发现通行证遗失、被盗时，应在 24 小时内向证件管理部门报告。

小提示

违规处罚

（1）因保管不善，遗失本人通行证的，将给予批评教育，并提醒其加强个人证件管理意识。

（2）发现通行证丢失、被盗后，在 24 小时内未及时向证件管理部门报告的，将暂扣其通行证 7 日以上、15 日以下（自领取补办通行证之日起计算），并通知其申办单位。同时，要求其补办新的通行证，并在补办期间不得进入控制区。

二、陪同人的规范行为

1. 陪同人应对陪同对象的身份及相关申请材料进行严格核对，并由本人到证件管理部门为陪同对象申请办理相关手续。

小提示

违规处罚

（1）申办时未对陪同对象身份进行核对的，取消陪同资格，暂扣通行证 15 日以上、30 日以下；或收回其通行证，3 个月内不得重新申请办理，并通知其单位。

（2）申办时陪同人本人不到场或由他人代替为陪同对象申办三类通行证的，取消陪同资格，暂扣通行证 15 日以上、30 日以下；或收回其通行证，3 个月内不得重新申请办理，并通知其单位。

（3）擅自涂改一次性介绍信的，注销通行证，取消其办证资格，并通知其单位。

2. 陪同人员应全程引导陪同对象，切实保证陪同对象在可监管的范围内活动。

小提示

违规处罚

（1）未进行全程引导和陪同的，取消陪同资格，暂扣通行证 15 日以上、30 日以下；或收回其通行证，3 个月内不得重新申请办理，并通知其单位。

（2）陪同期间，因未对陪同对象进行有效监管，导致陪同对象在控制区内从事违法犯罪行为的，注销通行证，取消其办证资格，并通知其单位。

3. 陪同人应对陪同对象在控制区内的活动和通行证的使用情况进行监督，防止发生陪同对象携带违禁品、损毁破坏安防设施、超越授权区域范围活动等可能危害空防安全的行为。如发现陪同对象有危害航空安全的意图和行为时，应立即制止并向公安机关报告。

小提示

违规处罚

(1) 因未履行空防安全培训和监督责任，致使通行证持有人发生影响空防安全一般性事件的，取消陪同资格，暂扣通行证 15 日以上、30 日以下；或收回其通行证，3 个月内不得重新申请办理，并通知其单位。

(2) 明知陪同对象在控制区内有违规行为或有危害航空安全倾向，故意隐瞒事实，未及时向公安机关上报的，注销通行证，取消其办证资格，并通知其单位。

阅读与思考

YUEDU YU SIKAO

某机场监护队员李宁在 464 机位检查国航机务人员的一次性证件时，发现一名人员所持的一次性通行证件已过期，且其身边并无有效陪同人员，构成了空防安全的违规行为。在发现这一情况后，李宁迅速向值班主管进行了汇报。值班主管立即将此事反映至机场公安分局，公安分局随即对此违规事件展开了调查处理。事后，机场公安分局空防处特别对该员工严谨的工作态度、过硬的业务素质提出了表扬，并表达了感谢。

考核评价

小组成员分别模拟旅客和安检人员，进行机场控制区通行证件查验的模拟任务。完成后，请填写识别机场控制区通行证考核评价表，如表 3-6 所示。

表 3-6　识别机场控制区通行证考核评价表

项目	评分标准	小组自评	小组互评	教师点评	实际得分
仪容仪表（20分）	1.穿着统一制服；用发带盘发，无碎发；未佩戴饰品（手表、手链、耳环、项链等）；未染指甲，指甲干净（20分） 2.穿着统一制服；用发带盘发，有碎发；未佩戴饰品（手表、手链、耳环、项链等）；未染指甲，指甲干净（15分） 3.未穿制服；盘发有碎发；佩戴有少量饰品；未染指甲，指甲干净（10分） 4.未穿制服；未盘发；佩戴造型夸张的饰品；指甲不干净（5分）				
站姿微笑（20分）	1.站姿规范，微笑自然（20分） 2.站姿较规范，微笑基本自然（15分） 3.有微笑，站姿不符合岗位规范（10分） 4.无微笑，站姿不符合岗位规范（5分）				
文明用语（20分）	1.能正确使用岗位文明用语（20分） 2.较准确使用岗位文明用语（15分） 3.基本能使用岗位文明用语（10分） 4.不能使用岗位文明用语（5分）				
证件检查（20分）	1.能够准确识别机场控制区通行证件的区域权限和有效期（20分） 2.较准确识别机场控制区通行证件的区域权限和有效期（15分） 3.基本能识别旅客与机务人员的一次性证件（10分） 4.不能识别出机务人员一次性证件的通行区域权限（5分）				
动作规范（20分）	1.识别机场控制区证件符合岗位程序和标准（20分） 2.识别机场控制区证件较符合岗位程序和标准（15分） 3.在机场控制区证件检查中基本符合岗位程序和标准（10分） 4.在机场控制区证件检查中不符合岗位程序和标准（5分）				
总得分	实际得分＝教师点评40%＋小组互评30%＋小组自评30%。				

练一练

一、选择题（可多选）

1. 以下（   ）属于机场公安机关签发的一次性证件。

   A. 外部人员通行证   B. 专机工作证

   C. 包机工作证   D. 公务乘机通行证

2. 公务乘机通行证的有效期最长不能超过（   ）个月。

   A. 3   B. 4   C. 5   D. 6

3. 第二代身份证的识别中不同角度观察会出现（   ）两种颜色。

   A. 红色   B. 橘红色   C. 绿色   D. 紫色

4. 以下证件属于民航统一证件的有（   ）。

   A. 空勤登机证   B. 特别工作证

   C. 军事运输通行证   D. 公务乘机通行证

5. 以下证件的尺寸采用国际信用卡标准尺寸的是（   ）。

   A. 第一代身份证   B. 临时身份证

   C. 第二代身份证   D. 特别工作证

二、简答题

机场控制区通行证件有哪些？

三、案例分析

  8月28日16时30分，房某来到沈阳桃仙国际机场T3航站楼接人，为了显得有面子，就想开车进入航站楼一楼门前专用车道。房某提前准备了一张伪造的机场控制区通行证，企图蒙混过关，不料被机场查验人员小高当场识破。对于这种情况小高应该如何进行处理？

项目四　人身检查

项目导读

　　人身检查是指为预防和制止爆炸、枪击、持械伤人等事件，以及携带危险品扰乱大型社会活动秩序和危害公共安全的情况发生，安检员采用徒手或结合仪器的方法，对被检查人员身体实施的安全检查。

●学习目标

　　1. 了解人身检查的相关知识。

　　2. 了解人身检查所需的设备。

　　3. 能够正确使用人身检查的设备。

　　4. 掌握手工人身检查与仪器人身检查的相关知识。

　　5. 熟练掌握手工人身检查与仪器人身检查的方法及相关操作。

M11

任务一　掌握前传引导岗的工作规范

学习目标

✔ 1.掌握前传引导岗位的岗位职责、工作流程和工作技巧。

✔ 2.熟悉前传引导岗位与人身检查岗位的配合工作。

✔ 3.正确使用肢体语言和文明用语来协助旅客有序通过安检门，并将行李物品放置在传送带上。

能力目标

✔ 掌握前传引导岗位的职责。

素养目标

✔ 在任务实施过程中让学生能够学以致用，秉承"安全第一，严格检查，文明执勤，热情服务"的工作原则，强化学生"安全第一、严格检查"的责任意识。

任务导入

RENWU DAORU

　　旅客王先生乘坐某航班由上海飞往南昌。在进行安全检查时，安检员小张将王先生的包放入衣物筐内，然后用力地甩在传送带上。王先生见状提醒安检员包内有电子设备，请其小心摆放。安检员小张此时应该如何处理？

知识准备
ZHISHI ZHUNBEI

✈ | 一、岗位职责

（1）提示旅客将随身携带的行李物品按顺序排放，并通过 X 射线机进行检查。

（2）引导旅客有序通过安检门。

（3）及时将过检人员身份信息传递给其他岗位人员。

✈ | 二、服务用语提示

（1）您好，请将您的衣服口袋内物品掏出，放在筐内过检。

（2）请您将行李平放在传送带上。

（3）请将大衣或外套脱下，放在筐内过检。

（4）请将笔记本电脑、手机、照相机、钱包从包内取出放在筐内单独过检。

（5）请在安全门前等候。

（6）请您通过安全门。

引导岗位规范用语

✈ | 三、引导受检人的关键步骤和技巧

安检人员引导受检人如图 4-1 所示。

（一）关键步骤

（1）观察安检点周边状况，对受检人流进行预判。

（2）受检人进入安检区域时，主动引导受检人进行安检。

图 4-1 安检人员引导受检人

（3）受检人员数量较多时应当进行限流引导，以保证后续岗位人员工作的正常开展。

（4）观察进入安检区域的受检人员是否可疑，如果发现可疑人员应立即示意值机员、手检员重点检查。

（5）适当帮助携带较大物品或较多物品的受检人。

（6）受检人携带的物品较轻，不能自动通过 X 射线安检机的铅帘时，应主动帮助受检人推一下物品，使其进入 X 射线安检机，并提醒受检人在出包口拿取物品。

（二）技巧

（1）安检人员的仪容仪表要做到端庄得体，神情状态要饱满，态度要和蔼，以良好的精神面貌为受检人服务，提升自己的亲和力，减少受检人的抵触情绪。

（2）安检人员应使用礼貌用语，热情有礼，不说忌语，使用普通话，如有必要可以适当使用其他语言。

（3）语言引导要清晰，声音大小要适当，为老年人服务时声音可稍大。

（4）要时刻保持敏锐的观察力和高度的警惕性，耳听八方，眼观六路，及时发现工作中将要出现的各类突发状况，第一时间作出相应的处置。

（5）严格遵守相关规章制度及工作操作规范，做到文明执勤、热情服务、首问负责。

📁 典型案例

2016 年 7 月 17 日 13 时 26 分，安检中心验证员朱诗嘉在国内安检现场 4 通道进行例行检查时，发现一名男性旅客为公安在逃人员。朱诗嘉不动声色地将该名旅客放入安检通道内，同时按下隐蔽报警装置启动预案，并将此情况通知通道长张弼弘。张弼弘迅速关闭通道，扣留可疑旅客的物品及证件，并返回验证岗位进行再次确认。为稳住旅客情绪，张弼弘假称需核对旅客信息，并要求开机员、两名人身检查员对其进行控制。在确认该旅客为全国公安网通缉的刑拘在逃人员后，张弼弘返回通道内对旅客实行进一步控制，并请求值班领导支援。

该旅客见势不妙，企图摆脱安检人员控制反向冲出通道。张弼弘迅速追击并呼喊支援，相邻通道的检查员李辰龙、李旺听到张弼弘呼喊后，立即前往 4 通道支援。随后，从待检区赶来的分队长乔岩和吴晓亮也带领支援人员赶到，共同将该旅客制服。机场公安机关接到报警后迅速到达现场，并在安检人员的协助下带走该旅客。

中国民航局局长冯正霖在视察沈阳机场时，观看了这一事件的录像，并高度评价道："安检人员沉着冷静、平稳有序的配合和处理方式，反映了专业的业务素养，也说明我们平常的专业培训落到了实处，真真正正地体现了我们忠诚担当、严谨科学、团结协作、敬业奉献的民航精神。"

🗂 工作过程一　引导准备

引导员将衣物筐置于安全门旁的工作台上，并站在安全门一侧，面向旅客进入通道的方向，保持待检状态。

🗂 工作过程二　进行引导与检查

（1）放置行李与电子设备：在旅客进入检查通道时，引导检查员提示并协助旅客将随身行李有序地放置在 X 射线机传送带上。同时，请旅客将随身物品及随身行李中的笔记本电脑、照相机等电子设备取出放入衣物筐内。如旅客穿着厚重外套，应提示其脱下外套，一并放入衣物筐接受 X 射线机检查。

（2）检查登机牌：引导检查员应检查旅客是否持有登机牌，并确认登机牌是否已加盖安检验讫章。若未加盖，指引旅客前往验证岗位重新查验。

（3）观察与引导：引导检查员应观察人身检查员的工作情况，当人身检查员正在检查时，请待检旅客在安全门一侧等候。待人身检查完毕，有序引导待检旅客通过安全门，并合理控制速度，确保通道畅通。

（4）特殊物品检查：对不宜通过 X 射线机检查的物品，引导检查员应通知开箱（包）检查员进行手工检查。

（5）特殊旅客处理：对孕妇、带有心脏起搏器、坐轮椅的残障人士或重病等不宜通过金属探测门检查的旅客，引导检查员应提示人身检查员进行手工人身检查。

🗂 工作过程三　处置特殊情况

（1）笔记本电脑过检：遇携带便携式计算机的旅客，请其将笔记本电脑单独放入筐中，与电脑包分别通过 X 射线机检查。

（2）小件物品过检：请旅客将手机、钱包、香烟、钥匙、电池等小件物品取出，集中放入同一筐内过检，避免混淆或丢失。

（3）贵重首饰过检：告知旅客，戒指、项链、手表等贵重首饰可佩戴在身上直接过安全门，避免离身过 X 射线机时丢失。

国门安检张志强：二十一载岗位坚守 铸就无悔奋斗青春

二十一载青春年华转瞬即逝，徒留下少年曾走过的足迹和奋斗的故事，2001年的夏天，他加入了安保公司的大家庭，青涩的脸庞，坚定的目光，凭借着干一行爱一行专一行精一行的毅力与坚持，在"银鹰"下护卫二十一载。如今的他依旧奋战在第一线，履职尽责、恪尽职守，为民航的安全发展贡献着自己的力量，他就是首都机场安保公司安检员张志强。

一、不忘初心 忘我奋斗践使命

"我志愿加入中国共产党，拥护党的纲领，遵守党的章程……"

2004年的冬季，他又多了一个新的身份，一名光荣的中国共产党党员。在戴上党徽庄严宣誓的那一刻，年轻的脸庞上满是坚定的神情。20岁的他深知，中国共产党党员这个身份带给他的不只是荣誉，更多的是责任。

他时时处处以党员的高标准严格要求自己，在工作中更是每个细节都要求做到极致，遇到问题时也总是有一股较真劲，不找到解决问题的方法"誓不罢休"，常常会因为一个小细节加班到深夜。2008年，张志强经过自己的不断努力，通过层层选拔和考核成功晋升为一名基层班组长。自任职班组长以来，他的电话保持着24小时随时待机的状态，只要哪里有需要解决的问题，下一刻的他就会出现在哪里，他就是这样一个认真负责的人，面对各项急难险重任务，他总是身体力行，主动担当起"我是党员我冲锋"的责任。身边的同事都开玩笑说他是一个"吹毛求疵"的家伙，总是这么较真，真是"自讨苦吃"。但他始终坚持严谨求实的方针，忘我地奋斗在工作岗位上。烈日炎炎下也时常会看到他忙忙碌碌、汗流浃背的身影。

他总是说：作为一名中国共产党党员，就应该冲在一线做表率，就是要"自讨苦吃"。作为一名安全从业者，就必须有这么一股较真劲。只有及时地发现安全隐患，并把每一个细节都抓实，才能真正地确保每一架航空器起落平安。

二、百炼成钢 日常工作显担当

2022年8月15日，伴随着大兴机场区域监护的正式试运行，大批量通过层层选拔的人员纷纷投入到区域监护的岗位工作之中，张志强便是其中的一员，业务技能精湛的他被任命为区域监护的一名班组长，这也代表着他将重整行装，踏上新的征程。

面对着新的工作模式，他的工作也变得愈发忙碌，但他没有退缩和恐惧，而是凭借着更加努力工作去攻坚克难，他总是忙于解决、整理员工在工作中遇到的各项问题的路上，并对问题进行详细的记录。只要班组员工遇有疑问时，他都会第一时间赶到现场，以丰富的经验和知识迅速为其提供最切实的方案。2022年8月17日，"报告班长，远机位4区发现异常人员，证件与本人不符，报告完毕。""收到，你先控制住异常人员，我马上就到！"张志强第一时间就赶到了现场，后经核实为科室异常人员测试。"哪里有需要解决的问题，强哥的身影下一刻便出现在哪里，强哥在大家的心里就像一根定海神针，只要有他在，无论碰到多大的困难都不怕，因为强哥就是我们最强大的后盾"区域监护的员工吕思颖说。

"面对新的业务，其实我也有很大的压力。但是只要组织有需要，我时刻准备着。我相信世上无难事，只怕有心人，只要我努力学习，就一定能把区域监护这份工作做好"。张志强坚定地说。

三、凝心聚力 细微之处露真情

在日常工作中，张志强是一个名副其实的"大忙人"。每日的班前会总会看到他为班组员工检查着装，整理备勤物品。并及时传达上级的指示批示精神，细心提示工作中需要注意的事项，将整个班组打理得井然有序。

上班前一天，张志强会提前关注好天气的变化，及时提示大家注意增减衣物，风雪天及时提醒大家携带雨衣，防护用品是否配备齐全。为生理期的女孩子准备暖贴等等细微的事情他都会想到并且做好。为了给大家一个舒适的工作环境和休息环境，张志强每天提早地来到工作现场打扫卫生，在每次下班后也总是清理留下的垃圾，每每离开时都是最晚的一位。班组员工年龄普遍较小，疫情暴发以后，为了缓解他们思乡之情和工作压力，张志强也是"煞费苦心"。他经常组织大家在岗间休息时间做活动，文字接龙、汉字迷宫、数字连连看，都是他们经常开展的小游戏，虽然每次游戏的时间只有短短十几分钟，却能让班组成员在欢声笑语中不断增进彼此间的感情，培养了良好的班组氛围。"强哥虽然在工作中很严肃，但是在生活中，只要有事情，我们都会第一时间想到他，并找他帮忙，他就像我们的大家长一样。"员工李娜说。

"班组员工年龄普遍较小，很多都是刚从学校毕业第一次参加工作，面对新的环境都多多少少会有一些不适应。作为一名班组长，我的职责就是让他们尽快适应新的工作环境，并成长起来。其实每名员工我都把他们当成自己的孩子来锻炼、培养。"张志强向笔者说道。

"宝剑锋从磨砺出，梅花香自苦寒来。"张志强用责任和担当为所有员工树立了良好的榜样，他凭借着自己的努力与坚持在平凡的岗位上一点点发光发亮。他就是这样

一个工作在一线的"小人物"，却为公司的发展和每架航班的平安起落贡献着"大能量"。（有改动）

——张洁. 国门安检张志强：二十一载岗位坚守 铸就无悔奋斗青春[EB/OL].（2022-08-26）[2024-07-08]. http：//www.caacnews.com.cn/1/5/202208/t20220826_1351875_wap.html.

考核评价

小组成员分别扮演旅客和安检人员，执行引导岗位的测试任务，随后填写引导岗位的引导与检查工作考核评价表，如表4-1所示。

表4-1　引导岗位的引导与检查工作考核评价表

项目	评分标准	小组自评	小组互评	教师点评	实际得分
仪容仪表（20分）	1.穿着统一制服；用发带盘发，无碎发；未佩戴饰品（手表、手链、耳环、项链等）；未染指甲，指甲干净（20分） 2.穿着统一制服；用发带盘发，有碎发；未佩戴饰品（手表、手链、耳环、项链等）；未染指甲，指甲干净（15分） 3.未穿制服；盘发有碎发；佩戴有少量饰品；未染指甲，指甲干净（10分） 4.未穿制服；未盘发；佩戴造型夸张的饰品；指甲不干净（5分）				
站姿微笑（20分）	1.站姿规范，微笑自然（20分） 2.站姿较规范，微笑基本自然（15分） 3.有微笑，站姿不符合岗位规范（10分） 4.无微笑，站姿不符合岗位规范（5分）				
文明用语（20分）	1.能正确使用岗位文明用语（20分） 2.较准确使用岗位文明用语（15分） 3.基本能使用岗位文明用语（10分） 4.不能使用岗位文明用语（5分）				
引导与检查（20分）	1.能够按照引导岗位的职责进行引导与检查（20分） 2.能够较准确地按照引导岗位的职责进行引导与检查（15分） 3.基本能够按照引导岗位的职责进行引导与检查（10分） 4.未能够按照引导岗位的职责进行引导与检查（5分）				

续表

项目	评分标准	小组自评	小组互评	教师点评	实际得分
动作规范（20分）	1.引导操作规范符合岗位规范，对旅客物品轻拿轻放（20分） 2.引导操作较符合岗位规范，对旅客物品轻拿轻放（15分） 3.引导操作基本符合岗位规范（10分） 4.引导操作不符合岗位规范（5分）				
总得分	实际得分 = 教师点评 40%+ 小组互评 30%+ 小组自评 30%。				

练一练

一、填空题

1. 引导员应提示旅客将随身携带的行李物品按顺序排放，并通过_____进行检查。

2. 引导员应引导旅客有序通过_____。

3. 引导员应及时将过检人员_____传递给其他岗位人员。

二、简答题

1. 遇到旅客携带电子设备、磁卡等物品，拒绝接受X射线机检查时，应该如何处理？

2. 安检时遇有外交信使，应该如何处理？

3. 在一名旅客放在衣物筐的钱包里面发现一小包白色粉末时，应该如何处理？

4. 过检旅客用手伸入X射线机内急于取回行李时，应该如何处理？

任务二　认识和正确使用金属探测门、手持金属探测器

学习目标

✔1.了解金属探测门和手持金属探测器的工作原理与功能特点。

✔2.掌握金属探测门和手持金属探测器的正确操作方法。

能力目标

✔能正确调整金属探测门和手持金属探测器的工作状态，并熟练使用手持金属探测器开展工作。

【素养目标】

✔在任务实施过程中，培养学生严谨细致的工作态度，并强化学生"安全第一、严格检查"的责任意识。

任务导入

RENWU DAORU

2022年9月1日，安检员小张在人身检查岗执勤时，一位旅客通过金属探测门触发了警报。小张发现该旅客神情慌张，言辞闪烁。经过反复检查，确认该旅客故意藏匿打火机以逃避安检。面对此情，小张应该如何妥善处理呢？

知识准备 ✈
ZHISHI ZHUNBEI

✈ | 一、金属探测门

　　金属探测门（Metal Detection Door）是一种检测受检人员是否携带金属物品的探测装置，又称安检门（Security Door），如图4-2所示。作为安全检查中重要的探测装置之一，金属探测门具有灵敏度高、探测性能强、工作能耗低、安装简单等优点，主要应用于机场、高铁站、学校、大型会议等人流量较大的公共场所，目的是检查人身体上隐藏的金属物品，如枪支、管制刀具等。

图 4-2　金属探测门

　　当受检人员通过金属探测门时，若身上携带的金属的重量、数量或形状超过预设的参数值，金属探测门会即刻报警，并显示造成报警的金属所在区位，以便安检员更加准确地判断金属物品所在位置。

（一）金属探测门的工作原理

　　金属探测门是基于电磁感应原理而制作的金属探测器。其两侧门板内装有能发射和接收交变电磁场的传感器。当金属导电体受到交变电磁场激励时，会在其内部产生涡流电流，该电流会发射一个与原磁场频率相同但方向相反的磁场。金属探测器就是通过检测该涡流信号的有无来判断附近是否存在金属物。

　　金属探测门的报警原理是：由发射器发射出激励电磁波，由接收传感器接收金属物的信号，接收传感器把涡流产生的信号检取出来，再经过电路一系列的放大处理，当信号量达到设定值时即以声光形式产生报警。

（二）金属探测门的功能特点

1.声音警报

金属探测门配备声音警报功能，且该功能具有可调节性。根据工作场景需要，可适当调节声音警报的持续时间、音调和音量，使工作人员可在距离门体 1m 远、1.6m 高处清晰听到警报声。此时，警报声强度的调节范围应至少在 80～90dBA 之间。

2.视觉警报

金属探测门配备有视觉警报装置，当金属物体通过时，该装置会显示条状警报。此警报装置的设计确保了在不考虑周围环境光强的情况下，工作人员至少能在距离金属探测门 5 米的位置清晰地识别警报信号。具体而言，当探测到的金属物体信号高于报警限界值时，警报将以红色显示，如图 4-3 所示；而当信号低于报警限界值时，警报则以绿色显示。

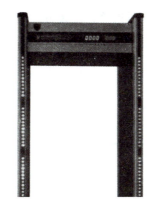

图 4-3　金属探测门工作状态

3.性能特点

（1）安全性高：采用弱磁场感应技术，辐射量极小，对心脏起搏器佩戴者、孕妇及电子设备等均无不良影响，使用安心。

（2）适用性强：适用于机场、法院、看守所、娱乐场所等多种场景，满足广泛的安全检查需求。

（3）灵敏度高且可调：用户可根据需求设置探测金属物的大小、体积、重量等参数，有效避免生活物品的误报警。最高灵敏度时，可探测到曲别针大小的金属物质。

（4）探测范围广：内置 6 个独立探测区和 1 个整体探测区，定位金属物所在位置更加稳定、准确。

（5）抗电磁干扰能力强：内置电磁兼容技术，有效增强对外界电磁干扰的抵抗能力，确保探测准确性。

✈ 二、手持金属探测器

手持金属探测器（Hand-held metal detector）是金属探测器的一种，用于探测人或物品是否携带有金属物质，可在工厂防盗、场所安检以及考场防作弊等场景发挥其作用。相较于金属探测门，手持金属探测器的操作更加简便，探测更加精确，二者可结合使用。

市面上手持金属探测器的型号主要有：1001型手持式金属探测器、1001B型手持式金属探测器、3003B1型手持式金属探测器、PD140型手持式金属探测器、盖瑞特超高灵敏度手持金属探测器。以下内容将以PD140型手持式金属探测器为例展开介绍。

（一）PD140型手持式金属探测器的工作原理及性能特点

通过对金属物品的电磁感应进行报警，报警方式主要有声光、振动，或者通过耳机。PD140型手持式金属探测器的性能特点主要体现在有效探测面积大，检查速度快，采用三联开关可选择声光报警或指示灯报警方式；探测灵敏度分为高、中、低三挡可调；同时，它的外观精美，符合人体工学设计，外壳采用高强度ABS材料，抗冲击能力强。

（二）PD140型手持式金属探测器的结构

如图4-4所示，PD140型手持式金属探测器包括：报警指示灯（ALARM、LOW BATTERY）、电源指示灯（POWER）、灵敏度调节钮（LOW、NORMAL、HIGH）以及报警方式选择开关。

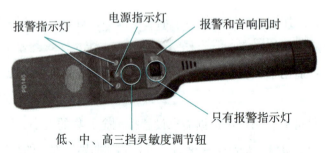

报警指示灯　电源指示灯　报警和音响同时

只有报警指示灯

低、中、高三挡灵敏度调节钮

图4-4　PD140型手持式金属探测器结构

（三）使用 PD140 型手持式金属探测器的注意事项

（1）充电：探测器必须处于关闭状态。打开充电器开关至"ON"位置，电源指示灯亮起表示探测器正在充电中，充电完成通常需要 16 小时。充电时只需将 PD140 的手柄插入 BC140 充电器，BC140 充电器可与其他类似设备串联使用，但需注意不要对干电池进行充电；

（2）使用：由于 PD140 属于小型电子仪器，因此需注意轻拿轻放，以免造成物品损坏；

（3）保管：应注意防潮防热，并由专门的工作人员负责此项工作。如需清洁，应使用微湿柔软的布对探测器进行擦拭；

（4）调节：若使用 PD140S 高灵敏度型号，调节钮为持续调节型，以确保精细校准。

任务实施
RENWU SHISHI

📁 **工作过程一　调试 PD140 型手持式金属探测器**

1.安装

PD140 手持金属探测器为小型电子设备，可由干电池（9V）或 Varta TR/8 型氢充电池及类似产品提供电源输入。安装方式为：打开探测器手柄底部的电池盒盖，然后按照电池的极性指示将电池正确安装并确保接触良好，最后扣紧电池盒盖。

PD140 手探操作

2.开机

如图 4-5 所示，探测器的位置开关可向左或右拨动，这取决于所需的操作状态。

只有报警指示

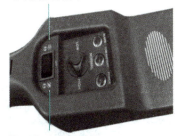

报警和音响同时进行

图 4-5　PD140 型手持式金属探测器电源指示灯

（1）向左拨动：探测器将启用报警和声音提示。

（2）向右拨动：探测器将启用报警和震动提示。

（3）中间位置：电源关闭。

3. 报警指示灯

开机后，可根据报警指示灯和电源指示灯的闪烁状态来分辨探测器的工作状态。

（1）报警指示灯闪烁几秒：探测器已开机。

（2）报警指示灯持续闪烁：探测器接触面附近有金属物品。

（3）电源指示灯以 1 秒间隔闪烁：电池正在充电中。

（4）电源指示灯快速闪烁：需充电或更换电池。

4. 灵敏度调节

金属探测器配备有灵敏度调节钮，有三挡（低、中、高）可供选择。一般情况下，灵敏度应设在中挡，其他挡位的使用可根据被测金属物体的尺寸和距离来决定，如图 4-6 所示。

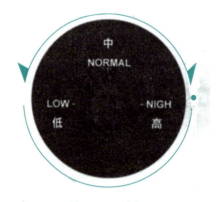

图 4-6　PD140 型手持式金属探测器灵敏度调节位置

PD140 型手持式金属探测器的敏感探测区域位于装置的下部平面区内，测量面积为 60x140mm，如图 4-7 所示。

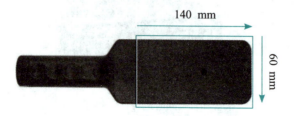

图 4-7　PD140 型手持式金属探测器敏感探测区域

5. 工作

（1）手握探测器手柄，拨动位置开关，当探测器信号灯闪烁，喇叭发出轻微蜂鸣声时，表明探测器已进入工作状态。

（2）手持已进入工作状态的探测器在被检人或被检物体表面来回扫描，若有金属物质，仪器会发出警报。安检员可根据警报声的音调来判断金属物品的大小。

（3）警报声较低沉且探头停留在发声处后响声逐渐消失，则探测出的可能是一件很小的金属物品，如钥匙、拉链、皮带扣等。

（4）若警报声很尖锐，即使探头不移动，声音仍持续不断，则探测出的可能是较大的金属物品，如手枪、管制刀具等。

📁 工作过程二　测试通过式金属探测门

测试时，可将测试物品分别放置在实施测试人员的右腋窝、右臀部、后腰中部、右踝内侧等部位，放置完毕后让测试人员通过金属探测门。除测试物品外，测试人员不应再额外携带其他金属物品，以免影响测试结果。

金属探测门的测试过程中需注意以下几点：

（1）金属探测门首次安装或被改变位置时，安检员都必须对其重新调试。

（2）安装金属探测门时应避免可能影响其灵敏度的各种干扰，如金属探测门附近应避免安装大功率设备及大面积金属物体等。

（3）若金属探测门连续使用（即从未关闭），应至少每天测试一次。

（4）若金属探测门不是连续使用，则应在接通电源后进行测试。

（5）金属探测门应调节至适当的灵敏度，不能低于最低安全设置要求。

（6）若金属探测门的灵敏度与之前测试相比有所下降，则应调高其灵敏度以满足工作需求。

📖 阅读与思考
YUEDU YU SIKAO

首都机场安保公司杜新：二十二载春华秋实　用行动让工匠精神闪光

"执着专注、精益求精、一丝不苟、追求卓越"是杜新对工匠精神的深刻理解，也是他工作的真实写照。在安保公司工作的22年，从晨光熹微到夜深人静，从春夏到秋冬，他始终以共产党员的标准严格要求自己，坚持以提高自身技术水平和管理能力为基础，尽职尽责。从一名一线员工逐渐成长为一名优秀管理人员，曾先后多次获得公司级优秀共产党员、公司级优秀管理者等荣誉称号。

一、坚守使命，用"匠心"浇铸"初心"

2019 年 7 月，他与 340 名队员一起进驻大兴机场参加投运保障工作，以机场为家，连续 90 余天日夜驻扎值守，只为确保大兴机场顺利开航。投运保障期间，他深知安全是民航工作的重中之重，任何一个环节的疏忽都可能导致不安全事件的发生。他根据方案要求组织开展了国内旅客安检流程、智能旅客安检系统项目、安检信息系统故障应急处置等演练及航班高峰压力测试，紧盯安全筹备运行、紧盯重点区域、关键环节，真抓敢管，每天从凌晨 4 点开航坚守到夜间航班结束，只为确保每个工作环节精益求精、细致完美。每次现场踏勘前，他都至少提前两个小时到场，查看工作手册、了解设施设备运行状态。当被问到工匠精神是什么时，杜新的回答是："干工作就要干一行、爱一行、专一行，把工作做到极致。"

二、冲锋一线，关键时刻显担当

汹涌来袭的疫情，更需要挺身而出的凡人。2020 年年初，杜新顶住家人朋友的劝阻，迅速安排好家中的老人孩子，第一时间主动带领疫情防控党员突击队冲锋在国门安检保障一线。在杜新看来，疫情防控工作任何一个环节出现问题，都可能引发"连锁反应"。常态化疫情工作开展以来，保障好员工和旅客的安全成为他的首要任务。他一遍遍巡查区域通道、各岗位、设备设施以及区域死角消毒落实情况，检查在岗员工的口罩佩戴、体温检测情况，提示旅客时刻保持一米间距，控制安检通道内过检人数，没有半刻闲暇。他的朋友圈内，行走步数每天可达到五六万步，运动步数始终在朋友圈位居前列，身边同事对他的行走记录感到惊讶的同时又心生敬佩。

三、科技赋能，助力智慧民航建设

"五小"活动是贯彻落实习近平总书记重要讲话精神的重要举措，是推动产业工人队伍建设改革、提高职工技能素质、培养大国工匠的重要抓手，是组织动员职工立足岗位建功立业、增强职工岗位创新能力的直接体现。作为国内智慧安保行业建设的先行者，杜新深知需要抢抓新基建发展机遇，全面加快创新技术在机场安全、运行、服务等场景下的应用。为助推公司高质量转型发展，他积极探索，带头设计"智慧安检——掌智通（掌上智能安检一体化通行）"小程序。该程序通过整合各方安检资源，为旅客提供精准化、规范化、信息化的优质服务，满足广大旅客的多元化出行需求。

小程序的设计理念主要围绕互联网、现场运行特点、智能系统、高效和旅客需求展开，由线上智能维序、线上暂存、检拾物品、安检 CIP 服务、中转服务、预约服务六部分组成。其目的在于更好地服务旅客，实现公司精细化客群经营、差异化服务策略及数字化转型，以及可持续性安保体系建设，加快公司转型升级。2021年，为深入贯彻落实习近平总书记对共青团工作的重要指示批示，有效推进"1+4+N"智慧安保一体化建设，首都机场安保公司组织开展青年创新设计大赛，杜新作为项目领头人，最终荣获了三等奖的好成绩。

冰冻三尺非一日之寒，滴水穿石非一日之功。杜新履职尽责、坚守岗位，对工作一个环节一个环节地抓、一个节点一个节点地抓，切实将敬畏精神入脑入心，用行动践行民航工匠精神，用思想引领榜样力量，在平凡的岗位上弘扬着当代安保人特有的使命与担当。（有改动）

——王佳旭，廖玉琳.首都机场安保公司杜新：二十二载春华秋实 用行动让工匠精神闪光 [EB/OL].（2022-08-26）[2024-07-08]. http://www.caacnews.com.cn/1/5/2022 08/t20220826_1351871.html.

考核评价

小组成员分别扮演旅客和安检人员，进行金属探测门和手持金属探测器的测试任务。测试完成后，填写测试金属探测门、手持金属探测器考核评价表，如表4-2所示。

表4-2　测试金属探测门、于持金属探测器考核评价表

项目	评分标准	小组自评	小组互评	教师点评	实际得分
仪容仪表（20分）	1. 穿着统一制服；用发带盘发，无碎发；未佩戴饰品（手表、手链、耳环、项链等）；未染指甲，指甲干净（20分） 2. 穿着统一制服；用发带盘发，有碎发；未佩戴饰品（手表、手链、耳环、项链等）；未染指甲，指甲干净（15分） 3. 未穿制服；盘发有碎发；佩戴有少量饰品；未染指甲，指甲干净（10分） 4. 未穿制服；未盘发；佩戴造型夸张的饰品；指甲不干净（5分）				
站姿微笑（20分）	1. 站姿规范，微笑自然（20分） 2. 站姿较规范，微笑基本自然（15分） 3. 有微笑，站姿不符合岗位规范（10分） 4. 无微笑，站姿不符合岗位规范（5分）				

续表

项目	评分标准	小组自评	小组互评	教师点评	实际得分
站姿微笑（20分）	1.站姿规范，微笑自然（20分） 2.站姿较规范，微笑基本自然（15分） 3.有微笑，站姿不符合岗位规范（10分） 4.无微笑，站姿不符合岗位规范。5分				
文明用语（20分）	1.能正确使用岗位文明用语（20分） 2.较准确使用岗位文明用语（15分） 3.基本能使用岗位文明用语（10分） 4.不能使用岗位文明用语（5分）				
金属探测（20分）	1.能够正确测试金属探测门和手持金属探测器，并能熟练掌握其使用方法（20分） 2.较正确测试金属探测门和手持金属探测器，并按正确流程进行仪器和手工检查（15分） 3.基本准确测试金属探测门和手持金属探测器，基本能按照正确流程进行手检（10分） 4.不能正确测试金属探测门和手持金属探测器，未按符合流程进行手检（5分）				
动作规范（20分）	1.操作符合岗位规范，并能正确识别与处理违禁物品（20分） 2.操作较符合岗位规范，并能正确识别与处理违禁物品（15分） 3.操作较符合岗位规范，能正确识别违禁物品但未能正确处理（10分） 4.能操作但不符合岗位规范，并不能正确识别和处理违禁物品（5分）				
总得分	实际得分＝教师点评40%＋小组互评30%＋小组自评30%。				

练一练

一、选择题

1. 当一种型号的金属探测门在机场首次安装或改变位置后，操作员都必须重新进行（　　）。

   A. 调试　　　　　　B. 调整　　　　　　C. 调节　　　　　　D. 测试

2. 金属探测门应调节至适当的灵敏度，但不能（　　）安全设置要求。

   A. 低于最低　　　　　　　　　B. 低于最高

   C. 高于最低　　　　　　　　　D. 高于最高

3. 安装金属探测门时应避免可能影响其（　　）的各种干扰。

   A. 灵敏度　　　　　　　　　　B. 精准度

   C. 可靠性　　　　　　　　　　D. 精确性

二、填空题

1. 手持金属探测器的电源指示灯以1秒间隔闪烁，表明＿＿＿＿＿＿。

2. 手持金属探测器位置开关可向左或右拨动，这取决于使用哪种＿＿＿＿＿＿。

3. 请勿使用化学溶剂擦拭手持金属探测器，以免损坏其表面光洁度。只需使用＿＿＿＿＿轻轻擦拭即可。

4. 手持金属探测器，使用时应＿＿＿＿＿＿，以免损坏仪器。

5. 手持金属探测器检查需使用金属探测器和＿＿＿＿＿相结合的方法按规定程序对旅客人身实施检查。

6. 若使用PD140S高灵敏度型号，调节钮为＿＿＿＿＿调节型，以确保精细校准。

7. 无论环境光线情况如何，至少可以从＿＿＿＿＿米外清晰地观察到金属探测门的视觉警报。

三、简答题

请列举金属探测门的性能特点。

四、案例分析

一位旅客声称自己体内装有心脏起搏器，拒绝通过金属探测门。若你是人身检查岗的工作人员，此时你应该如何处理？

任务三　掌握人身检查流程

学习目标

✔1.理解人身检查的基本概念、原理及相关知识。

✔2.熟悉常用的人身检查设备及其功能。

✔3.掌握手工人身检查与仪器人身检查的具体方法及其操作流程。

能力目标

✔1.能够准确运用人身检查设备对重点对象及关键部位进行检查。

✔2.学会调整金属探测门和金属探测器的灵敏度等参数，确保其工作状态最佳，并能熟练地使用金属探测器进行安全检查工作。

素养目标

✔在任务实施过程中，培养学生严谨细致的工作态度、安全第一的意识和严格检查的责任感，确保安检工作的顺利进行。

任务导入
RENWU DAORU

2022年，安检员小张在执行安检任务时，要求旅客马先生将随身携带的所有物品放入安检托盘内。马先生配合地将身上所有物品拿出，但安检员小张依然对马先生身上是否携带了打火机心存疑虑。面对这种情况，安检员小张应该如何妥善处理，以确保安检工作的准确性和安全性？

一、人身检查岗及工作流程

人身检查员在平时多采用移位人身检查法对受检人的人身进行检查。移位人身检查法的概念为现场工作中，按规定方法主动完成从前到后的人身检查流程，并使旅客避免转身所带来的不便利，从而始终能面对自己行李物品的人身检查方法。工作流程如下所示：

人身检查员在平时多采用移位人身检查法对受检人的人身进行检查。移位人身检查法的概念是：在现场工作中，按规定方法主动完成从前到后的人身检查流程，以避免旅客转身带来的不便，始终能面对自己的行李物品。其工作流程如下所示：

（1）人身检查员面对或侧对金属探测门站立，注意观察金属探测门的报警情况及动态，以确定人身检查对象。

（2）当旅客通过金属探测门时，若金属探测门发生报警或旅客为重点检查对象，人身检查员应指引旅客到指定位置接受人身检查。检查员以45°斜角面向受检人，语言引导："您好，请您双臂微张，五指分开，左脚（或右脚）平跨一步。"

（3）人身检查员请旅客面对行李物品方向站立，提醒旅客照看好自己的行李物品，并从旅客正面开始实施人身检查。前半身检查流程为：由左手臂开始，依次经过左肩、左衣领、左前胸、前腰、左腿，一直延伸到左脚脚踝位置，然后转向右脚踝，向上延伸至右前胸，在右衣领处手检设备翻面，继续延伸至右手小臂位置，至此前半身检查完毕。

（4）人身检查员在完成旅客正面的人身检查程序后，应主动转至旅客身后，从旅客背面实施人身检查。后半身检查流程为：由头部开始，手检设备与肩平行向下延伸至后腰位置，再由右后腿以V形线路检查到左后腰位置，检查完毕。

（5）当人身检查员检查到旅客脚步有异常或鞋子较厚较大时，应请旅客坐在椅子上，并请其脱鞋，用手持金属探测器和手工相结合的方法对其脚踝进行检查，同时将旅客的鞋通过X射线检查仪进行检查。

（6）检查完毕后，人身检查员应提醒旅客拿好自己的行李物品，并回到原检查位置进入待检状态。

（7）检查过程中，若发现受检人身上携带的物品为危险物品，应用语言引导受检人到一旁接受询问，并第一时间上报相关负责人及公安机关。若未发现危险物品，应用语言和手势引导受检人离开安检区域，并使用感谢词。

✈ 二、重点对象和重点部位

（一）重点关注对象

（1）精神恐慌、言行可疑、伪装镇静者。

（2）冒充熟人、假献殷勤、接受检查过于热情者。

（3）表现不耐烦、催促检查或言行蛮横、不愿接受检查者。

（4）窥视检查现场、探听安全检查情况等行为异常者。

（5）匆忙赶到安检现场者。

（6）公安部门、安全检查站等单位掌握的嫌疑人和群众举报的有可疑言行的人员。

（7）上级和有关部门通报的来自恐怖活动频繁国家和地区的人员。

（8）着装与其身份不相符或不合时令者。

（9）男性青壮年受检者。

（10）身体上有文身或刀伤者。

（11）根据空防安全形势需要采取特别安全措施的航线的旅客。

（12）有国家保卫对象乘坐的航班上的其他旅客。

（13）检查中发现的其他可疑人员。

（二）重点部位

（1）头部：头部容易被人忽视，但却是可以藏匿物品的部位。例如，可在头发或帽子中藏匿小刀、打火机等小体积的违禁物品。

（2）肩胛：肩胛部位可用于捆绑或粘贴较大体积的违禁物品，如匕首等。

（3）胸部：胸部容易藏匿危险品，如手枪、匕首、炸药等，女性应特别注意。

（4）手部（手腕）：手部容易佩戴或粘贴体积较小的违禁品，如手环式打火机、镁棒等。

（5）臀部：臀部下部容易被用来藏匿危险品，检查时需细致。

（6）腋下：腋下是藏匿危险品的常见部位，应特别注意仔细检查。

（7）裆部：裆部具有私密性，因此藏匿危险品、毒品的情况较多，检查中不容忽视。

（8）腰部：腰部是最常被利用的部位，必须从严检查。

（9）腹部：腹部空间较大，从外表上不易看出，须通过摸、按、压等方法进行检查。

（10）脚部：脚部是藏匿枪支、弹药、子弹、刀具等的理想位置，取用方便，因此检查时应特别注意。

✈ 三、检查方法

（一）仪器检查

仪器检查是指安检人员按照既定的标准和程序，利用专业设备如金属探测门或手持金属探测器等，对旅客进行细致而全面的安全检查。这种检查方式旨在有效地检测出旅客身上可能携带的金属物品，确保公共安全。

1. 金属探测门检查的方法

除符合条件的免检者外，旅客通过安全门检查是登机的必要条件。在旅客通过安全门之前，引导员应第一时间提醒旅客将随身物品（包括香烟、钥匙、手机等）取出，然后引导旅客逐一通过安全门（注意控制旅客流量）。最后，使用手持金属探测器或手工检查的方法进行复查，彻底排除疑点后才能放行。对未引起报警的旅客，安检员可使用手持金属探测器或手工检查的方法进行抽查。

人身检查操作流程

对旅客放入衣物篮中的物品，应通过 X 射线机进行检查。对于不便进行 X 射线机检的物品，要采用摸、掂、试等方法检查，以确认是否藏匿违禁物品。

2. 手持金属探测器检查的方法

手持金属探测器检查是指通过金属探测器和手工相结合的方法，按规定程序对旅客人身实施检查。检查时，金属探测器所到之处，人身检查员应用另一只手配合摸、按、压的动作进行检查。如果手持金属探测器报警，人身检查员应配合触摸报警部位进行复查，以判断报警物质的性质，并请旅客取出物品进行检查。旅客取出物品后，人身检查员应对该报警部位进行复查，确认无误后，方可进行下一步检查，如图 4-8 所示。

图 4-8　安检员使用手持金属探测器检查旅客

手持金属探测器检查的顺序如下：前衣

领→右肩→右大臂外侧→右手→右大臂内侧→腋下→右前胸→右上身外侧→腰、腹部→左肩→左大臂外侧→左手→左大臂内侧→腋下→左前胸→左上身外侧→腰、腹部；右膝部内侧→裆部→左膝部内侧；头部→后衣领→背部→后腰部→臀部→左大腿外侧→左小腿外侧→左脚→左小腿内侧→右小腿内侧→右脚→右小腿外侧→右大腿外侧。

（二）手工检查

手工检查是指安检人员按照规定的方法，对旅客身体采取摸、按、压等方式进行检查。

1. 手工检查的方法

手工检查主要是指顺着旅客身体的自然轮廓，通过用手摸、按、压等方法进行检查。按、压指的是手在不离开旅客衣物或身体的前提下，以适当的力度进行按压，感知旅客身体或衣物内是否存在异常物品。安检员会根据身体的自然形状，通过动作感知并判断可能藏匿的物品的位置。

安检员应对旅客取出物品的部位进行手动复查，确保没有遗漏或疑点后才能进行后续检查。为了确保检查的准确性和旅客的舒适度，手工检查一般应由同性别的安检人员实施。

检查遵循由上到下、由里到外、由前到后的顺序。在手工检查时，人身检查员面对旅客，从旅客的前衣领开始，逐步检查双肩、前胸、腰部，然后转向后衣领，再到双臂外侧、双臂内侧、腋下、背部、后腰、裆部、双腿内侧、双腿外侧，最后至脚部。在冬季，由于旅客穿着较多，需要请旅客解开外衣，对外衣进行细致的检查。安检员利用手工检查法检查旅客如图 4-9 所示。

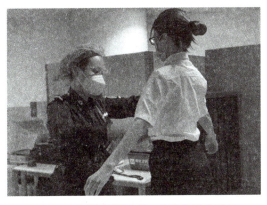

图 4-9　安检员利用手工检查法检查旅客

2. 手工检查的注意事项

（1）在检查过程中，须使用文明用语和普通话对受检人进行语言引导和指示。

（2）伸手提示受检人进行人身检查时，要注意目视受检人，面带微笑，提前伸手示意，不要等受检人走到面前了才伸手。

（3）提醒受检人平举双臂时，可以做演示动作以提醒受检人。

（4）检查时，检查员的双手要切实接触旅客的身体和衣物，因为手掌面积大且触觉敏锐，这样能及时发现藏匿的物品。

（5）不可只检查上半身而忽视下半身，特别要注意检查重点部位。

（6）对旅客从身上掏出的物品，应仔细检查，防止夹带危险品。

（7）检查过程中要不间断地观察旅客的表情，以防发生意外。

（8）对女性旅客检查时，必须由女性检查员进行。

（9）手的力度要控制好，不要令受检人感到不适，并尽量避免触摸受检人裸露的皮肤。

📁 **典型案例**

包头机场安检护卫部连续查获两起隐匿携带违禁物品事件

近日，包头机场安检护卫部的安全检查员在对出港旅客进行安全检查时，短短十分钟内连续查获两起旅客隐匿携带裁纸刀片和火柴的事件。

当日晚18时左右，正值旅客出港高峰时段，旅检通道的人身检查员在对一名老年男性旅客进行检查时，观察到其行为举止异常，左顾右盼并不停地催促检查。这一举动引起了人身检查员的高度警惕。通过仔细检查，发现金属探测器在其左脚处报警异常。脱鞋检查后，检查员在其左脚鞋内发现一个用塑料袋包裹的裁纸刀片。

仅时隔几分钟，人身检查员在对一名10岁男孩进行人身检查时，又从该男孩右脚脚踝处查获一盒火柴。经询问，男孩仅仅是出于贪玩，在过安检前，将捡到的一盒火柴藏到了鞋中，想观察检查员能否将其查出。

在暑运保障期间，包头机场始终认真坚持"严格检查、安全第一、规范执勤"的工作原则。各岗位人员严格执行岗位操作流程，细化安全服务细节，坚守空防安全底线，将一切安全隐患排查到底，切实保障广大旅客的出行安全。（有改动）

——贺佳静. 包头机场安检护卫部连续查获两起隐匿携带违禁物品事件[EB/OL]. （2022—08—25）[2024—07—08]. http://www.caacnews.com.cn/1/5/202208/t20220825_1351771_wap.html.

任务实施
RENWU SHISHI

📁 工作过程一　岗位准备

（1）人身检查员应对安全门及手持金属探测器进行检查测试，确保其处于正常工作状态；开启手持金属探测器，测试其是否能正常发出报警提示，并同时将金属探测器置于金属探测门内，观察其报警反应。

（2）交接班时，人身检查员在进行岗位交接前，应完成正在检查的过检人员的检查工作，并将后续工作处理完毕后方可进行交接。

（3）若手持金属探测器发生故障或电量不足，人身检查员应立即上报班长，请求更换手持金属探测器或电池，并提示引导员控制安全门的过检速度。

📁 工作过程二　实施手工人身检查

当旅客通过金属探测门时，若金属探测门报警，则需实施手工人身检查。检查员应沿着旅客身体的自然轮廓，通过摸、按、压等方法，用手感知异常的物品。在检查过程中，手不应离开旅客的衣物或身体，用适当的力量进行按压，以判断旅客身体或衣物内是否有不相贴合、不自然的物品。对旅客取出物品的部位，应再次用手进行复查，排除疑点后方可进行下一步检查。

📁 工作过程三　实施从严检查

（1）对于经过手工检查仍无法排除疑点的旅客，可带至安检室进行从严检查。实施从严检查前，应报告安检部门值班主管并获得批准。从严检查必须由两名以上（含两名）同性别检查员共同实施。检查过程中，可由一名安检人员负责监视受检旅客，防止其做出危险行为或毁灭物证，另一名安检人员则负责进行检查；检查时可要求旅客脱掉外衣、鞋袜。对于不配合检查的旅客，可根据情况拒绝其登机或移交民航公安机关处理。

（2）从严检查时应做好详细记录，包括受检旅客的姓名、性别、年龄、所乘航班、工作单位（或住址）等信息，并由参与检查的安检人员共同签名确认。同时，应密切关注检查对象，防止其行凶、逃跑或毁灭罪证。

（3）遇到故意藏匿违禁物品且拒不接受检查的旅客，检查员应将其移交值班主管和相应部门，并填写好移交单据。

📁 工作过程四　处置特殊情况

（1）对于不接受安全检查的旅客，应向其说明相关法律法规；经解释后仍不接受者，应拒绝其登机，并告知其后果自负。

（2）遇有在安检现场无理取闹、扰乱工作秩序或妨碍安检人员执行公务的旅客，应带至安检值班室进行教育；对情节严重、不听劝阻的，应移交民航公安机关处理。

（3）因航班延误、取消等原因导致旅客强行冲击安检现场或登机口的，应予以劝阻和制止，并及时报告民航公安机关处理。

（4）旅客与安检人员发生矛盾时，应及时进行调解。对于旅客提出的合理建议或投诉，应认真接待并给予答复。发现严重精神疾病患者时，应通知承运人处理；发现醉酒且无法自我约束的旅客时，应移交民航公安机关处理；对于危重病人，凭医院证明或当地民航急救中心证明，安检部门值班主管可安排专人进行检查。

（5）安检部门仅接受民航公安机关布置的协助查控任务。在接收查控通知书时，应仔细查验项目内容是否齐全，包括被查控人的姓名、性别、年龄、证件号码、照片、相貌特征、案件性质、查控时限、重点航线以及本机场民航公安机关和安检部门主管的签字等。若主要项目不全，安检部门可拒绝接受查控任务。

（6）政法干警押解犯罪嫌疑人通过安检时，应凭民航公安机关出具的押解通知单以及地市以上公安机关的证明信和押解人员的身份证件进行查验，并按程序进行检查。政法干警在押解过程中可根据需要给犯罪嫌疑人戴手铐，但押解人员不得随身携带其他警械、警具。

（7）在安检过程中，若旅客声称携带爆炸物，应立即将其控制并交民航公安机关处理。若发现隐匿携带枪支、爆炸物品、管制刀具者，应立即将人与物分离，将爆炸物品放入防爆箱内，并立即报告民航公安机关处理；如遇反抗行为，应先将其制服后再进行后续处理。

📊 知识拓展
ZHISHI TUOZHAN

一、各岗位之间配合、补位的关键步骤和技巧

（一）配合

1. 引导员与身检员的配合

当引导员发现有漏检的受检人并来不及劝导、阻止时，应及时提醒身检员对漏检的受检人进行引导和检查。

2. 值机员与后传员、手检员的配合

当值机员发现受检人的物品需要进行开包检查时（如需询问原因），应及时提醒后传员作出反应，明确告知后传员哪个包（包括包的形状等特征）需要进行开包检查。

后传员接到值机员示意后，应及时配合手检员对相应的包进行检查（如本班未配备手检员，则应由后传员直接实施开包检查）。

3. 引导员、后传员与值机员的配合

当引导员或后传员发现 X 射线安检机入口（或出口）处有"卡包"、液体洒落或其他意外情况时，须及时提醒值机员按下 X 射线安检机的暂停键，并根据现场实际情况迅速作出反应和处理。

4. 后传员与手检员的配合

携带液体的受检人未按照要求"试喝一口"时，后传员可示意手检员介入。手检员应再次提醒受检人"试喝一口"，如受检人不配合，可使用液体检查仪进行检查。

当手检员和后传员之间需要相互协调时，在岗位条件允许的情况下，可协助对方完成相应工作，并在完毕后及时返回自己所在的岗位。

（二）补位的技巧

（1）善于观察，眼观六路，耳听八方。

（2）有责任心，乐于助人，熟悉每个岗位的工作要求和标准。

（3）面带微笑，态度谦和，肢体动作和语言表达大方得体。

（4）严格遵守标准工作流程，动作准确，反应迅速。

（三）配合、补位的关键因素

（1）人流量大小。根据人流量大小预判其他岗位人员是否需要协助，提前做好协助或补位的准备。

（2）老弱病残孕幼受检人。当这类受检人通过安检时，应尽可能主动上前服务，并协助其他岗位开展工作。

（3）携带物品数量。如受检人员携带物品数量较多时，应提前做好岗位间的协作准备。

（4）不熟悉安检流程的受检人。对于不熟悉安检流程的受检人，要做好协助其他岗位的准备，以提高安检效率。

二、识别可疑物

（1）使用X射线安检机检查时，图像模糊不清而无法准确判断物品性质的。

（2）使用X射线安检机检查时，发现疑似有电池、导线、钟表、粉末状、液体状、枪弹状物及其他可疑物品的。

（3）X射线安检机图像显示有容器、仪表、陶瓷等物品，且其形态或组合方式异常的。

（4）照相机、收音机、录像录音机及电子计算机等电器设备，其内部构造或携带方式引起怀疑的。

（5）受检者特别小心或时刻不离身的物品，表现出异常关注或保护行为的。

（6）受检者携带的物品与其职业、事由或季节明显不相适宜的。

（7）受检者声称是帮他人携带的物品，且对物品内容描述不清或态度闪烁其词的。

（8）现场表现异常的受检者或群众揭发的嫌疑分子所携带的物品。

（9）公安部门通报的嫌疑分子或被列入查控名单的人员所携带的物品。

（10）受检人携带密码箱（包）进入探测门或检查区域时触发警报的。

三、不同受检人携带行李、物品的特点

（一）受检人的差异分类

受检人的差异主要包括地区差异、气质差异、年龄差异、性别差异、职业差异、职务差异与团体差异，以及初次接受安检与经常接受安检的差异。

（二）掌握受检人及其行李、物品差异的意义

（1）有助于维护公共安全，提高安检工作的质量。

（2）有助于了解受检人的心理，提升服务质量。

（3）有助于提高安检人员的心理素质和应变能力。

（三）箱包的分类

1. 按箱包大小分类

受检人携带的箱包按大小可分为大、中、小三类。

（1）小型包：包括手包、电脑包、小型旅行包、小型行李箱、礼品箱、工具箱、手提袋等。

（2）中型包：包括双肩背包、中型旅行包、手提箱、中型行李箱等。

（3）大型包：包括大型编织口袋、大型行李箱等。

2. 按箱包材料分类

受检人携带的箱包按材料可分为软体包和硬体包两类。

（1）软体包：包括手包、电脑包、腰包、女士单肩包、手提袋、双肩背包、旅行包等。

（2）硬体包：包括行李箱、工具箱等。

（四）受检人携带的物品分类

1. 有机物

书本杂志、食品、衣物、饮料、水果、药品及化妆品等。

（1）饮料、物品或化妆品多为瓶装，需注意是否含有医用酒精或酒精棉花，化妆品中是否含有大容积指甲油、洗甲液和香水。

（2）注意检查有无小动物，如鸭子、小狗、兔子等。

2. 无机物

电器、工具、刀具、金属工艺品、其他生活物品。

（1）电器类：包括笔记本电脑及其充电器、手机及其充电器、收音机、CD机、MP3、MP4及其充电器、胶卷相机、数码相机及其充电器、磁带摄像机、数码摄像机及其充电器，以及电吹风、电动牙刷、电动按摩器等。

（2）其他生活物品：包括钥匙、雨伞、水杯、眼镜、餐具、手表、硬币、打火机等。男性受检人可能携带金属或塑料打火机，个别会携带电击器、护手（虎指）、自锁刀等攻击性防身物品。女性受检人则多携带化妆品，可能含有易燃易爆物质，如止汗喷雾、指甲油等，部分女性还会携带催泪瓦斯作为防身工具。

四、最高技能——责任心

上述内容介绍了安检工作中常见的关键步骤和技巧，但安检工作远不止于此。安检现场受受检人、设备、地域、季节等多种因素相互影响，情况复杂多变，本书无法穷尽所有情况。因此，安检工作还需安检员个人不断摸索和总结。虽然安检工作依赖设备和技术，但更重要的是高度的责任心、敏锐的意识和丰富的经验。从这一角度看，做好安检工作的最高技能就是责任心。要获得这一技能，必须依靠长期的工作经验积累。对于新入职的安检员，现场轮岗是加速经验积累的有效途径。在此，本书列出日常训练中应重点关注和把控的几个环节，供读者参考：

（1）做到"五勤"：勤看、勤听、勤问、勤记、勤动手。

（2）在低人流时段，在带班人员指导下，尝试操作现场设备。

（3）在高峰期协助现场工作人员进行登记等辅助性工作。

（4）现场发生纠纷时，保持冷静，避免直接参与处理，以防引发次生纠纷。

（5）发现工作疏漏或问题时，应大胆指出但方式要隐蔽，避免激化矛盾。

（6）注意实际工作中与理论学习的差异，分析原因并寻找解决方案。

（7）认真撰写跟岗日记，记录工作经验和心得体会。

阅读与思考
YUEDU YU SIKAO

首都机场安保公司李娜：守护国门的"铿锵女将"

"谁说女子不如男"，这是豫剧《花木兰》中的经典唱词，赞美了花木兰巾帼不让须眉的气概。同样，这句唱词用在国门女将李娜的身上更是恰如其分。李娜，自2008年起投身于安检工作，现任首都机场安保公司大兴机场分公司飞行区安检部睿智班组班长。

当清晨的第一缕阳光洒向大地，李娜已坚守在捍卫空防安全的岗位上；当夕阳的最后一抹余晖消失殆尽，依然能见到她那单薄而又伟岸的身影，默默无闻地从事着货运安检工作。

作为国门安检队伍中的女班长，安检工作不仅练就了李娜精湛的技能，更培养了她忠于职守、勇于担当的精神。李娜的勤奋努力，同事们有目共睹。十四年来，她好学不倦，精益求精，始终保持着饱满的工作热情和高昂的精神状态，全身心投入安全检查工作中。

从事安检工作十四年来，她先后参与了"一带一路"、国庆70周年庆典、大兴机场投运、建党100周年庆典等重大活动的安全保障工作。她以一丝不苟的工作态度和严细实勤的工作作风，尽显巾帼担当，用实际行动谱写了国门女将的绚丽篇章。

一、坚守底线，打造平安货运

李娜常说："安检工作要时刻保持检查标准不变，坚守底线，严守红线，对安全隐患零容忍。"有一次，李娜在对航空货物进行检查时，X光机屏幕上出现了疑似锂电池的图像。她秉持"不排除疑点不放过"的原则,立即要求对可疑物品进行联合开包检查。

由于航班即将截载,货运代理人私下找到她,希望能得到"通融"。但她坚定地表示:"安全是民航的生命线,只有坚守制度,严格执行安全检查标准,才是对人民群众的生命安全负责。"

经开箱检查,在该批可疑货物中查获了大量锂电池。李娜随即将相关代理人证件及违禁品扣留,并移交机场公安机关处理。最终,李娜凭借精湛的业务技能,成功将危害航空安全的危险品阻截在地面。

二、身先士卒,抓好疫情防控

2022年5月,北京市接连出现数起聚集性疫情。作为班长,李娜深知疫情形势的严峻与复杂。在抗击疫情的这段日子里,她常常以岗为家,亲临一线指挥督导疫情防控工作。

在一次巡岗过程中,李娜发现一名员工没有按照要求规范佩戴防护面罩。经询问得知,是员工的防护面罩因老化破损无法正常佩戴。李娜了解情况后,立即返回值班室,将自己的备用面罩取来送给员工,并语重心长地说:"特殊时期,一定要做好个人防护,佩戴好防护用品。"

在接下来的巡岗过程中,李娜都会仔细检查员工防护用品的佩戴情况。一旦发现员工防护用品破损,她都会亲自为员工配发新的防护用品。面对疫情,她勇往直前、以身作则、奋勇担当的行为极大地激励了员工抗击疫情的决心,为打赢疫情防控阻击战奠定了坚实的基础。

在守护空防安全的道路上,李娜十四年如一日,默默坚守、无私奉献,将自己的全部精力投入国门安检的岗位上。她凭借坚韧不拔和拼搏奋进的精神,以实际行动诠释了自己捍卫空防安全的决心,用青春年华献礼民航发展,彰显了巾帼不让须眉的女将风采。(有改动)

——彭祥.首都机场安保公司李娜:守护国门的"铿锵女将"[EB/OL].(2022-08-23)[2024-07-08].http://www.caacnews.com.cn/1/5/202208/t20220823_1351564.html.

考核评价

小组内成员各自扮演旅客和安检人员的角色，进行人身操作技能的实际测试任务。测试完成后，填写人身操作技能考核评分记录表，如表4-3所示。

表4-3 人身操作技能考核评分记录表

学校：_____ 姓名：_____ 考号：_____

序号	考核内容	考核要点	考核标准	扣分
1	工作准备	报告考评员，考生 ×× 前来考试。	漏说扣5分	
		测试通过式金属探测门	1. 未测试或不会测试通过式金属探测门扣5分	
			2探测通过式金属探测门时未关闭手持金属探测器电源扣5分	
		测试手持金属探测器	未测试或不会测试手持金属探测器扣5分	
		报告考评员，准备完毕，指请示。	漏说扣5分	
2	重点部位检查	漏查重点部位（头部、肩胛、胸部、腋下、裆部、腰部、腹部、脚部、手腕部、臀部）	漏查每个部位扣1分	
	检查程序	检查程序错误：未做到由上到下、由里到外、由前到后。	扣10分	
		对查出物品的部位未复检	扣5分	
3	文明服务	物品落地	扣2分	
		对模拟旅客有推、拉、扯等粗鲁动作	扣2分	
		未经模拟旅客同意自取物品	扣2分	
		1. 您好，请通过安全门。 2. 您好，请接受人身检查。 3. 请扣衣扣，抬起双臂。 4. 请稍等。 5. 检查完毕，谢谢合作！	扣5分	
4	违禁物品识别	1. 漏查、错查违禁物品	每件扣10分（本项不限最高扣分值）	
		2. 错说、漏说违禁物品	扣2分	
成绩	配分：100	限时：3min 用时	得分：	
否定项：该鉴定模块成绩未达到项目配分的70%者为不合格　　　　□合格　　　　□不合格				

评分人：　　　年　月　日　　　　　　　　核分人：　　　年　月　日

练一练

一、选择题（单选题）

1.（　　　）掌握的嫌疑人和群众提供的有可疑言行的旅客是人身检查的重点对象。

　　A. 公安部门　　　B. 海关　　　　　C. 边防部门　　　D. 派出所

2. 从严检查必须由同性别的（　　　）名以上检查员实施。

　　A. 一　　　　　　B. 两　　　　　　C. 三　　　　　　D. 四

3. 金属探测门应调节至适当的（　　　），但不能低于最低安全设置要求。

　　A. 频率　　　　　B. 灵敏度　　　　C. 音量　　　　　D. 位置

4. 若手持金属探测器连续超过（　　　）秒未使用，设备将自动关闭。

　　A. 60　　　　　　B. 90　　　　　　C. 120　　　　　　D. 180

5. 手持金属探测器属于（　　　），使用时应轻拿轻放，以免损坏仪器。

　　A. 电子查询仪器　　　　　　　　　B. 痕量探测仪器

　　C. 小型电子仪器　　　　　　　　　D. 钟控定时装置仪器

6. 人身检查员面对旅客进行手工人身检查时，应先从（　　　）开始。

　　A. 前衣领　　　　　　　　　　　　B. 后衣领

　　C. 胸部　　　　　　　　　　　　　D. 头部

二、填空题

1. 人身检查是指采用公开的_____和_____相结合的方式，对旅客人身进行安全检查。

2. 人身检查应该遵循由上到下，_____，由前到后的顺序。

3. 金属探测门如果连续使用（即从未关闭过），应至少_____测试一次。

4. 手工人身检查是指安检人员按规定的方法和程序对旅客身体采取_____、_____、_____等手工检查方法发现危险品、违禁品及限制物品。

5. 对女性旅客实施手工检查时，必须由_____进行。

6. 如果手持金属探测器报警，安检人员应配合_____报警部位，以判断报警物的性质，同时请旅客取出该物品进行检查。

三、简答题

1. 人身检查的重点对象和重点部位有哪些?

2. 如何对金属探测门进行例行测试?

3. 简述手工人身检查的程序和方法。

4. 人身检查员进行手工人身检查时有哪些注意事项?

5. 简述手持金属探测器检查的方法和程序。

项目五　物品检查

项目导读

　　随着民航业的蓬勃发展，物品检查已成为民航安全检查中重要的流程之一。它作为航前检查的关键环节，对于保障飞行过程中乘客人身安全和公共财产安全至关重要。物品检查主要包括对旅客手提行李的检查、托运行李的筛查以及安检仪器的使用等方面。物品检查的知识与技能是确保航行安全、排除潜在安全隐患所必备的专业知识和技能。

●学习目标

　　1. 掌握乘机旅客物品检查的相关知识和规定。

　　2. 能够准确识别旅客行李中的违禁品。

　　3. 精通开箱（包）检查的程序和方法。

　　4. 能够判断旅客携带的限制性物品是否符合规定。

　　5. 掌握特殊物品的合规处理与处置方法。

M11

任务一　认识违禁品

学习目标

✓ 1. 深入理解违禁品的概念，并能够准确分类。

✓ 2. 识别并掌握常见的违禁品标识。

能力目标

✓ 1. 提高通过违禁品标识迅速判断物品性质的能力。

✓ 2. 了解并掌握不同违禁品的化学特性和潜在风险。

✓ 3. 清晰了解禁止旅客随身携带但可以托运的限制性物品，并能准确判断。

任务导入
RENWU DAORU

　　旅客孙某在南昌昌北机场 T2 航站楼准备搭乘东方航空的航班前往上海。在通过安检时，安检仪器突然发出警报，提示孙某携带了禁止携带上机的物品。此时，正在执勤的安检人员小赵应该如何处理这一情况？

知识准备
ZHISHI ZHUNBEI

✈ 一、违禁品的定义及特征

　　民航业中的违禁品是指根据国际民航组织制定的《危险物品安全航空运输技术细则》、国际航空运输协会的《危险品规则》以及我国的民航规章《中国民用航空危险品运输管理规定》等法规所明确列出的，能够危害生命健康、危及公共财产安全和公众人身安全的危险物品。

这些违禁品具有几个显著的特征：

（1）潜在的危险性质：它们具有爆炸性、易燃性、毒害性、腐蚀性或放射性等特性，这些特性是可能导致运输过程中发生爆炸、中毒、腐蚀机体等安全事故的内在因素。

（2）高度的风险性：当这些违禁品受到摩擦、撞击、震动、接近火源、温度变化或运输不当等外界因素影响时，极易发生化学变化，从而对公众人身安全和公共财产安全构成严重威胁。

（3）特殊的处理要求：针对这些具有易燃易爆、有毒、腐蚀、放射等化学性质的违禁品，运输过程中必须采取相应的特殊防护措施和处理方式，以确保运输的安全和顺利。

✈ 二、违禁品的分类

根据违禁品所具有的不同化学特性，国际航空运输协会（Internationale Air Transport Association，IATA）《危险品规则》将危险品分为 9 个不同类别，如图 5-1 所示。

图 5-1　违禁品分类

（一）爆炸品

《危险品规则》第 1 类为爆炸品（Explosives），分为 6 项。1.1 项：具有整体爆炸危险性的物品或者物质。1.2 项：具有抛射危险性而无整体爆炸危险性的物品或者物质。1.3 项：具有起火危险性、较小的爆炸和（或）较小的喷射危险性而无整体爆炸危险性的物品或者物质。1.4 项：无重大危险的物品和物质。1.5 项：具有整体爆炸危险性而敏感度极低的物质。1.6 项：无整体爆炸危险性且敏感度极低的物质。

爆炸品是指在受热、撞击等外界作用下，能发生剧烈化学反应，瞬时产生大量气体和热，使周围压力急剧上升而发生爆炸的物品。还包括无整体爆炸危险，但具有燃烧、发热、发火，或较小爆炸危险的物品，以及能产生热、光、烟雾等一种或几种作用的烟火物品。

常见的爆炸品有雷管、导火索、引信、炸药、子弹、烟花制品（如礼花、鞭炮、摔炮等），如图 5-2 所示。

图 5-2　炸药、子弹、烟花制品

爆炸品包括以下几种：

（1）爆炸性物质（指物质本身不是爆炸品，但能形成气体、蒸气或粉尘爆炸环境者，不列入第 1 类），不包括那些太危险以致不能运输或主要危险性符合其他类别的物质。

（2）爆炸性物品，不包括下述装置：其中所含爆炸性物质的数量或特性不足以使其在运输过程中偶然或意外被点燃或引发后，因迸射、发火、冒烟、发热或巨响而在装置外部产生任何影响。

（3）上述两条款中未提及的，为产生爆炸或烟火实际效果而专门制造的物品和物质。

第 1 类是受限制的类别，即只有列在危险品表中的爆炸性物品和物质才可运输。然而，有关国家的相关部门保留通过相互协议批准在特定条件下为特定目的运输爆炸性物质和物品的权利。因此，危险品表中可能列有"爆炸性物品，n.o.s."（未另作具体规定的爆炸性物品）和"爆炸性物质，n.o.s."（未另作具体规定的爆炸性物质）条目。应注意，这些条目仅在没有其他可能利用的操作办法时使用。

（二）气体

《危险品规则》第 2 类为气体（Gas），分为 3 项。2.1 项：易燃气体（Flammable Gas）。2.2 项：非易燃无毒气体（Non-Flammable, Non-Toxic Gas）。2.3 项：毒性气体（Toxic Gas）。

气体是指在 50℃时，其蒸气压力大于 300kPa（3.0bar）或在 20℃，标准大气压力为

101.3kPa（1.01bar）时，完全处于气态的物质。

易燃气体是指在20℃和101.3kPa标准大气压下，与空气混合后，按体积计，在空气中的浓度达到总体积的13%或更少时即可点燃的气体，或者与空气混合后，其燃烧的体积分数上限和下限之差不小于12%。

非易燃无毒气体包括窒息性气体、氧化性气体以及属于其他类别的气体。窒息性气体通常指会稀释或取代空气中氧气的气体。氧化性气体是指通过提供氧气，比空气更能引起或促进其他材料燃烧的气体。

毒性气体包括已知具有毒性或腐蚀性，强到足以对人的健康造成危害的气体；根据吸入毒性试验，其LC50（半数致死浓度）的数值等于或小于5000mL/m³的气体。

常见的压缩气体和液化气体有液化石油气、甲烷、煤气、气压式喷雾、发胶、压缩液化的氧气、打火机气体、气体杀虫剂等，如图5-3所示。

图5-3　压缩液化的氧气、打火机、气体杀虫剂

根据其物理状态，气体的运输状态包括以下几种：

（1）压缩气体：在温度低于-50℃时，加压包装供运输，完全呈现气态的气体。这一类别包括临界温度低于或等于-50℃的所有气体。

（2）液化气体：在温度高于-50℃时，加压包装供运输，部分呈现液态的气体。

（3）冷冻液化气体：包装供运输时，由于其温度低而部分呈现液态的气体。

（4）溶解气体：加压包装供运输时，溶解于溶剂中的气体。

（5）吸附气体：包装运输时，吸附到固体多孔材料中，导致内部容器压力在20℃时低于101.3kPa，在50℃时低于300kPa的气体。

本类危险品包括压缩气体、液化气体、溶解气体、冷冻液化气体、一种或几种气体与一种或多种其他类别物质的蒸气的混合物、充有气体的物品和气溶胶。

（三）易燃液体

《危险品规则》第3类为易燃液体（Flammable Liquid），无分项。

易燃液体是指在闭杯闪点试验中温度不超过 60.0℃，或者在开杯闪点试验中温度不超过 65.6℃时，能够放出易燃蒸气的液体、液体混合物，或含有固体的溶液、悬浊液（例如，油漆、清漆、真漆等，但不包括危险性属于其他类别的物质）。

易燃液体包括易燃液体与减敏的液态爆炸品。减敏的液态爆炸品是指溶解或悬浮在水中或其他液体物质中，形成一种均匀的液体混合物，以抑制其爆炸性的爆炸性物质。《危险品规则》的危险品表中的减敏液态爆炸品条目包括 UN1204、UN2059、UN3064、UN3343、UN3357、UN3379。

常见的易燃液体有石油、油漆、香蕉水等，如图 5-4 所示。

图 5-4 石油、油漆、香蕉水

在《危险品规则》中，符合上述定义，但闪点高于 35℃且不能持续燃烧的液体，若符合下列条件之一，则不必视为易燃液体：

（1）它们通过了适当的燃烧性试验。

（2）燃点高于 100℃。

（3）为水溶液，且含水量超过 90%（按重量计）。

（四）易燃固体、易于自燃的物质和遇水释放易燃气体的物质

《危险品规则》第 4 类为易燃固体、易于自燃的物质和遇水释放易燃气体的物质（Flammable Solids, Substances Liable to Spontaneous Combustion, and Substances Which, in Contact with Water, Emit Flammable Gases），分为 3 项。4.1 项：易燃固体（Flammable Solids）。4.2 项：易于自燃的物质（Substances Liable to Spontaneous Combustion）。4.3 项：遇水释放易燃气体的物质（Substances Which, in Contact with Water, Emit Flammable Gases）。

易燃固体包括易燃固体、自反应物质和固态减敏爆炸品。易燃固体是指在正常运输条件下，易于燃烧的固体和通过摩擦可能起火的固体；自反应物质是指即使没有氧（空气）也容易发生激烈放热分解的热不稳定物质；固态减敏爆炸品是指用水或醇类将爆炸品润湿或用其他物质稀释，形成均匀的固态混合物，以抑制其爆炸性。

易于自燃的物质是指在正常运输条件下能自发放热，或接触空气能够放热，并随后易于起火的物质，包括发火物质和自发放热物质。发火物质是指 5 分钟内即使少量接触空气便可燃烧的物质，包括混合物和溶液（固体或液体）；自发放热物质是指无需额外能量补给，接触空气即能自身放热的物质。

遇水释放易燃气体的物质是指与水反应能自燃或产生足以构成危险体积的易燃气体的物质。

（五）氧化性物质和有机过氧化物

《危险品规则》第 5 类为氧化性物质和有机过氧化物（Oxidizing Substances and Organic Peroxides），分为 2 项。5.1 项：氧化性物质（Oxidizing Substances）。5.2 项：有机过氧化物（Organic Peroxides）。

氧化性物质是指本身未必可燃，但通常因放出氧可能引起或促使其他物质燃烧的物质。

有机过氧化物是指含有二价过氧基的有机物，也可以将其看作是一个或两个氢原子被有机原子团取代的过氧化氢的衍生物。

有机过氧化物受热、与杂质（如酸、重金属化合物、胺类）接触、摩擦或碰撞时易于放热分解。分解速度随温度升高而加快，并随有机过氧化物成分的不同而不同。分解可能产生有害或易燃气体或蒸气。有些有机过氧化物在运输时必须控制温度。有些有机过氧化物可能引起爆炸性分解，特别是在封闭条件下。这一特性可通过添加稀释剂或使用适当的包装来加以改变。许多有机过氧化物可猛烈燃烧。

应避免眼睛与有机过氧化物接触。有些有机过氧化物即使短暂的接触也会对眼角膜造成严重的伤害，或者对皮肤造成腐蚀。

在运输过程中，含有机过氧化物的包装件或集装器必须避免阳光直射，远离各种热源，并放置在通风良好的地方。

（六）毒性物质和感染性物质

《危险品规则》第 6 类为毒性物质和感染性物质（Toxic and Infectious Substances），分为 2 项。6.1 项：毒性物质（Toxic）；6.2 项：感染性物质（Infectious Substances）。

毒性物质是指在吞食、吸入或与皮肤接触后，可能造成死亡、严重受伤或损害人类健康的物质。常见毒性物质有砒霜、硝酸、敌敌畏、灭鼠灵等，如图 5-5 所示。

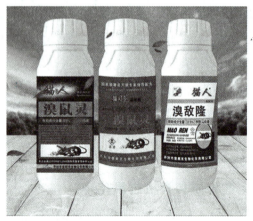

图 5-5　敌敌畏、灭鼠灵

感染性物质包括：

（1）感染性物质（Infectious Substances）：已知含有或有理由认为含有病原体的物质。病原体是指会使人类或动物感染疾病的微生物（包括细菌、病毒、立克次氏体、寄生虫、真菌）或其他媒介物，例如，朊毒体。

（2）生物制品（Biological Products）：从活生物体取得的、具有特别许可证发放要求的且按照国家的要求制造或销售的，用于预防、治疗或诊断人类或动物的疾病，或用于与此类活动有关的开发、实验或调查目的的产品。生物制品包括但不限于成品或未完成品，例如，疫苗。

（3）培养物（Cultures）：在人为规定条件下培养繁殖得到的微生物群体。该定义不包括以下定义的病患标本。

（4）病患标本（Patient Specimens）：为了研究、诊断、调查活动和疾病治疗与预防等目的而运输的，直接从人或动物身上采集的人体或动物体物质，包括但不限于排泄物、分泌物、血液及其成分、组织和组织液拭子，以及肌体部分。

（5）医学或临床废弃物（Medical or Clinical Wastes）：对动物或人进行医疗或进行生物研究而产生的废物。

（七）放射性物质

《危险品规则》第 7 类为放射性物质（Radioactive Material），无分项。

放射性物质是自发和连续地放射出某种类型辐射（电离辐射）的物质，这种辐射对健康有害，可使照相底片或 X 光片感光。这种辐射不能被人体的任何感官（视觉、听觉、嗅觉、触觉）觉察到，但可用合适的仪器鉴别和测量。

放射性物品是指含有放射性核素的任何物质，其活度浓度和托运货物总活度均超过豁免物质的活度浓度限值和豁免货物的活度限值。

放射性物品根据其形态和（或）特性可分为以下几类。一种放射性物品可能符合上述一个或多个定义。

（1）特殊形式（Special Form）放射性物品：非弥散性固体放射性物品或内装有放射性物品的密封容器，该容器只有在被破坏时才能被打开。

（2）低比活度（Low Specific Activity，LSA）物质：因其本身性质而比活度有限的放射性物品，或可适用估算的平均比活度限值的放射性物品。

（3）表面污染物体（Surface Contaminated Object，SCO）：本身没有放射性，但其表面分散着放射性物质的固态物体。

（4）裂变物质（Fissile Material）：包含下述任意核素的物质：铀-233、铀-235、钚-239、钚-241或它们的任意组合。

（5）低弥散物质（Low Dispersible Material）：弥散度有限的非粉末状固体放射性物品或封入密封容器中的固体放射性物品。

（6）其他形式（Other Form）放射性物品：不符合特殊形式定义的放射性物品。

以下情况不属于放射性危险品：

（1）因诊断或治疗目的而植入或装入人体或活的动物体内的放射性物品。

（2）接触放射性物质或摄入污染并准备运输去医疗救护的人在其身体内或外有放射性物质，应考虑对其他乘客和机组人员采取必要的放射防护措施，并须经营人批准。

（3）已获得国家相关主管部门批准并已出售给最终用户的消费品中的放射性物品。

（4）含有天然放射性核素的天然物质和矿石（可能已经被加工），但其放射性活度浓度不应超过DGR（危险品规则）规定的数值。

（5）表面上有放射性物品的非放射性固体物质，但任一表面的数量未超过DGR污染定义中规定的限量。

（八）腐蚀性物质

《危险品规则》第8类为腐蚀性物质（Corrosive），无分项。

腐蚀性物质是指，由于化学作用而能够严重损害与之接触的生物组织，或在渗漏时会严重损害甚至毁坏其他货物或运输工具的物质。

常见腐蚀性物品有烧碱、液蓄电池、温度计（汞）等，如图5-6所示。

图 5-6　液蓄电池、温度计（汞）

（九）杂项危险品

《危险品规则》第 9 类为杂项危险品（Miscellaneous Dangerous Goods），无分项。

杂项危险品是指在空运过程中存在不属于其他类别危险性的危险物质和物品，包括但不限于下列物品和物质：

（1）航空限制的固体或液体：具有麻醉性、有害性、刺激性或其他性质，一旦在航空器上溢出或泄漏，能引起机组人员极度烦躁或不适，以致不能正常履行职责的任何物质。

（2）磁性物质：为航空运输而包装好的任何物质，如距离组装好的包装件外表面任一点 2.1m 处的最大磁场强度能使罗盘偏转大于 2° 的即为磁性物质。

（3）高温物质：运输温度等于或高于 100℃ 的液态物质，或温度等于或高于 240℃ 的固态物质。

（4）环境（水环境）危害物质：符合联合国《危险品运输建议书—规章范本》2.9.3 中标准的物质，或满足货物运送的始发国或目的地国的主管部门制定的国家或国际条例中标准的物质。

（5）转基因微生物（GMMOs）和转基因生物（GMOs）：转基因微生物和转基因生物是通过遗传工程以非自然方式有意将遗传物质改变的微生物和生物。不符合感染性物质或毒性物质定义的转基因微生物或生物，必须划为 UN3245。转基因微生物或生物如得到始发国、中转国和目的地国的使用批准，则不受危险品规则的限制。转基因活物必须按照始发国和目的国有关主管部门的条件和限制进行运输。

（6）锂电池：含有任何形式锂元素的电池芯和电池，安装在设备中的电池芯和电池，或与设备包装在一起的电池芯和电池，必须恰当地划入 UN3090、UN3091、UN3480、UN3481 条目。

（7）吸入细粉尘危害健康的物质，如石棉、角闪石（铁石棉、透闪石、阳起石、直闪石、青石棉）、温石棉等。

（8）电容器。

（9）产生易燃蒸气的物质，如塑料造型化合物等。

（10）救生设备，如自动膨胀式救生设备、安全设备等。

（11）发生火灾时可能产生二噁英的物质和物品，如液态或固态多氯联苯类等。

（12）在运输中出现危险但不符合其他类别定义的物质或物品，如蓖麻籽、以易燃气体或易燃液体为燃料的车辆、以电池为动力的设备或车辆、化学物品箱或急救箱、熏蒸货物运输装置、仪器或机器中的危险品、内燃发动机或内燃机器、日用消费品等。

一、不得作为托运行李运输的物品

重要文件、商业文件和资料、证券、货币、汇票、珠宝、贵重金属及其制品、古玩字画、易碎易损坏的物品、易腐物品、样品、绝版印刷品或手稿、旅行证件、电子产品、数码产品、摄像机原配件、移动电话、个人需要定时服用的处方药。

二、限制运输的物品

（1）精密仪器、电器类物品，猎枪、体育运动用枪支和子弹、超长体育运动用品、小动物、导盲犬、助听犬、机要文件、外交信袋、无人押运的公务邮件、乘客旅行途中使用的电动轮椅。

（2）管制刀具以外的利器、钝器，如菜刀、大剪刀、大水果刀、剃刀等生活用刀，手术刀、屠宰刀、雕刻刀等专业刀具，文艺单位表演用的刀、矛、剑等，以及斧、凿、锤、锥、加重或有尖钉的手杖、铁头登山杖和其他可用来危害航空安全的锐器、钝器。此外，液态饮品以及含酒精类的化妆品等也受限制。安检员查到的违禁物品如图5-7所示。

图5-7 安检员查到违禁物品

三、被批准仅作为行李运输的物品

《中国民用航空安全检查规则》附件二《民航旅客限制随身携带或托运物品目录》第一条禁止随身携带但可以作为行李托运的物品包括：菜刀、水果刀、剪刀、美工刀、裁纸刀等日用刀具；手术刀、屠宰刀、雕刻刀、刨刀、铣刀等专业刀具；用作武术文艺表演的刀、矛、剑、戟等；棍棒（含伸缩棍、双节棍）、球棒、桌球杆、板球球拍、曲棍球杆、高尔夫球杆、登山杖、滑雪杖、指节铜套（手钉）等钝器；钻机（含钻头）、凿、锥、锯、螺栓枪、射钉枪、螺丝刀、撬棍、锤、钳、焊枪、扳手、斧头、短柄小斧（太平斧）、游标卡尺、冰镐、碎冰锥等工具；飞镖、弹弓、弓、箭、蜂鸣自卫器以及不在国家规定管制范围内的电击器、梅斯气体、催泪瓦斯、胡椒辣椒喷剂、酸性喷雾剂、驱除动物喷剂等其他物品。

阅读与思考
YUEDU YU SIKAO

违规托运危险品，快递公司受到中南局处罚

深圳市德邦物流有限公司在未制定危险品培训大纲并报民航地区管理局备案的情况下，于 2016 年 3 月 13 日违规托运了航空运输危险品喷漆（票号：479-45062765，承运人：深圳航空公司）。此次托运的货物在分类、包装、加标记、贴标以及危险品运输文件填写等方面均存在严重问题，涉嫌违规运输危险品。

2016 年 6 月 2 日，民航中直局在其官网公布了针对此事的民用航空行政处罚决定书。依据《中国民用航空危险品运输管理规定（CCAR-276-R1）》中的相关条款，对深圳市德邦物流有限公司处以人民币 45000 元的罚款，并责令其立即改正上述违法行为。同时，由于该公司员工未接受《中国民用航空危险品运输管理规定（CCAR-276-R1）》要求的危险品培训，不满足培训相关要求，依据该规定第 137 条，再次对该公司处以人民币 10000 元的罚款。

危险品航空运输风险极高，一旦发生事故，危害极大。因此，世界各国对危险品航空运输的管理都极为严格。为了保障危险品航空运输的安全，托运人、经营人以及经营人的代理人应深入了解危险品航空运输的相关法律法规，熟悉危险品进入航空器的途径，掌握危险品航空运输流程，明确各自的危险品运输责任，并接受危险品运输培训，以确保危险品航空运输的安全管理。（有改动）

——民航资源网.违规托运危险品 两家快递公司遭局方处罚 [EB/OL].（2016-06-03）[2024-07-08]. https://news.carnoc.com/list/347/347051.html.

考核评价

　　小组成员分别扮演旅客与安检人员，进行物品检查查验任务，并填写违禁品考核评价表，如表5-1所示。

表 5-1　违禁品考核评价表

项目	评分标准	小组自评	小组互评	教师点评	实际得分
仪容仪表（20分）	1. 穿着统一制服；用发带盘发，无碎发；未佩戴饰品（手表、手链、耳环、项链等）；未染指甲，指甲干净（20分） 2. 穿着统一制服；用发带盘发，有碎发；未佩戴饰品（手表、手链、耳环、项链等）；未染指甲，指甲干净（15分） 3. 未穿制服；盘发有碎发；佩戴有少量饰品；未染指甲，指甲干净（10分） 4. 未穿制服；未盘发；佩戴造型夸张的饰品；指甲不干净（5分）				
站姿微笑（20分）	1. 站姿规范，微笑自然（20分） 2. 站姿较规范，微笑基本自然（15分） 3. 有微笑，站姿不符合岗位规范（10分） 4. 无微笑，站姿不符合岗位规范（5分）				
违禁品认识（40分）	1. 准确了解违禁品的种类及其标识，并熟悉日常可见违禁品，准确判断行李中是否存在违禁品（40分） 2. 较准确了解违禁品的种类及其标识，并能熟悉日常可见违禁品，准确判断行李中是否存在违禁品（20分） 3. 基本能熟悉违禁品种类，无法独立判断行李中是否有违禁品（10分） 4. 不能正确对行李进行判断和行李检查（5分）				
总得分	实际得分＝教师点评40%＋小组互评30%＋小组自评30%。				

练一练

思考题

1. 禁止旅客随身携带或者托运的物品有哪些？

2. 中国民用航空局对乘机旅客随身携带液态物品是如何规定的？

任务二　认识 X 射线和 X 射线安检仪

学习目标

✓ 1. 认识物品检查的范围。

✓ 2. 了解使用 X 射线进行物品检查的工作流程。

能力目标

✓ 1. 掌握物品检查的程序和方法。

✓ 2. 掌握 X 射线安检仪的使用方法。

任务导入
RENWU DAORU

　　旅客小张从南昌昌北机场 T2 航站楼乘坐南航航班前往三亚度假，此刻正准备前往值机柜台托运行李。这时，正在执勤的 X 射线安检员小李应该如何对旅客小张的物品进行检查呢？

知识准备
ZHISHI ZHUNBEI

✈ | 一、物品检查的范围

　　物品检查的范围主要包括三个方面：

　　（1）对旅客、进入隔离区的工作人员随身携带的物品进行检查。

（2）对随机托运行李物品的检查。

（3）对航空货物和邮件的检查。

✈ 二、X射线及X射线安检仪相关知识

（1）X射线是一种电磁波，它的波长比可见光的波长短，穿透力强。

（2）X射线安检仪的工作原理：X射线安检仪利用X射线的穿透特性，由射线发生器产生一束扇形窄线对被检物体进行扫描。X射线穿过传送带上移动的行李，根据X射线对不同物质的穿透能力不同，发生衰减，探测器接收到经过衰减的X射线信号，通过信号处理，转变为图像显示出来。

✈ 三、X射线安检仪分类

（1）根据用途：分为能量分辨型手提行李微剂量X射线安全检查设备、能量分辨型托运行李微剂量X射线安全检查设备、能量分辨型货物微剂量X射线安全检查设备三类。

（2）根据射线对物体的扫描方式：分为点扫描式、线扫描式和逐行扫描式三种。

（3）根据图像显示方式：分为隔行显示和逐行显示。

（4）根据机械结构：分为立式机（射线顶照或底照）、卧式机（射线侧照）和车载式X射线安检仪。

（5）根据行李通道：分为单通道和双通道（用于行李托运检查）。

✈ 四、X射线安检仪图像颜色分类

X射线安检仪显示器亮度和对比度等设置参数是影响X射线安检仪操作员识别图像的一个重要因素。要求X射线安检仪操作员会调整显示器设置参数，并使显示器处于最佳显示状态。

（1）橙色：有机物（食品、纸张、塑料、炸药、毒品等原子序数小于10的物质）。

（2）蓝色：无机物（重金属、原子序数大于18的物质）。

（3）绿色：混合物（有机物与无机物的重叠部分和原子序数10至18的物质）。

（4）红色：非常厚、X射线穿不透的物体。

五、X 射线安检仪功能键的应用

　　操作员应根据检查要求，使用图像加亮键、图像加暗键、有机物及无机物剔除键、图像反转键等图像处理功能键来辅助判读图像中物品的特征和性质，以提高判读物品的准确性，如图 5-8 所示。

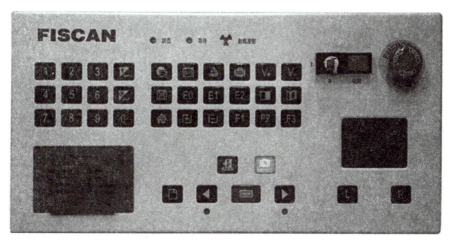

图 5-8　X 射线安检仪功能键

　　（1）当判读密度较大的物品或图像颜色较暗的部分时，应使用图像加亮键。

　　（2）当判读密度较小的物品或图像颜色较浅的部分时，应使用图像加暗键。

　　（3）当判读既有颜色浅又有颜色深的图像时，应使用超级增强键。

　　（4）当判读图像中物品的不同成分时，应使用有机物及无机物剔除键。

　　（5）当判读图像中模糊不清或非常小的物品时，应使用放大／增强镜或放大键／数字放大功能。

　　（6）使用传送带前进键、倒退键控制传送带时，操作员必须合理控制传送带的前进和倒退，防止被检物品挤压、滑落等情况发生。

　　（7）当被检物品图像需要进一步判读时，应使用传送带停止键停止传送带。

六、X 射线安检仪图像判读的基本原则

　　（1）从图像中间向周围进行判读。

　　（2）按照图像颜色的不同进行判读。

（3）按照图像所呈现的层次进行判读。

（4）结合图像判读方法辅助进行判读。

七、X射线安检仪图像判读的重点及处理

（1）图像模糊不清无法判断物品性质的，应调整箱包角度重新通过X射线安检仪检查。

（2）图像内发现疑似有电池、导线、钟表、粉末状、块状、液体状、枪弹状物及其他可疑物品的，应采用重点分析结合综合分析等方法。

（3）图像内发现有容器、仪表、瓷器等物品的，应在利用功能键辅助分析的情况下进一步判读，若仍不能确定性质，应结合开箱包检查。

（4）图像内含有照相机、摄像机及笔记本电脑等电器，应仔细分析内部结构是否存在异常，如存在异常或有不能判明性质的物质，应结合开箱包检查。

（5）如遇旅客声明不能用X射线安检仪检查的物品时，应按相应规定或具体情况处理，在了解情况后，若可以使用X射线安检仪进行检查时，应仔细分析物品的内部结构是否存在异常。

八、X射线安检仪图像判读的方法

在检查工作中，可单独或综合使用多种方法来帮助操作员判读图像。图像判读的方法并非完全独立，而是相互关联、互为补充，在判读图像时应灵活运用。物品通过X射线安检仪时电脑显示图像如图5-9所示。

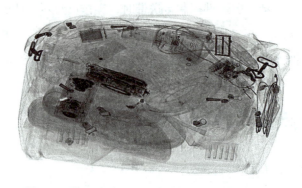

图5-9 物品通过X射线安检仪时电脑显示图像1

（1）整体判读法：即从中间向周围对整幅图像进行全面判读。观察图像的每个细节，判断图像中的物品是否相互联系，以及是否存在电源、导线、定时装置、起爆装置和可疑物品。

（2）颜色分析法：即根据 X 射线安检仪对物质颜色的定义，通过图像呈现的颜色来判断物品的性质。例如，水果通常呈橙色，裁纸刀片则可能呈蓝色或绿色。

（3）形状分析法：通过图像中物品的形状轮廓来判断物品。有些物品虽然 X 射线无法穿透，但其轮廓清晰，可以直接判断其种类。如铜质手铐，虽然 X 射线无法穿透，但其形状轮廓较为明显，能进行大致判断。

（4）功能键分析法：充分利用各功能键对图像进行综合分析比较。图像加亮键能增强颜色较深的图像细节；图像加暗键则适用于颜色较浅的图像；有机物／无机物剔除键能辅助判断物品的性质。

（5）重点分析法：针对图像中难以判明性质、X 射线无法穿透的物品及有疑点的地方进行重点分析。这种方法特别适用于电器、电池、容器等物品的检查。

（6）对称分析法：根据图像中箱包结构特点找到对称点，进而对箱包结构中不对称的点状或线状物进行分析比较，以发现可疑物品。例如，拉杆箱中的拉杆和拉杆中的定位扣通常具有对称性。

（7）特征分析法：也称结构分析法，通过抓住某个物品结构中的一些特征来进行判断。例如，电动剃须刀内通常含有马达、剃须刀头或电池等物品。

（8）共性分析法：即举一反三法，通过抓住某个物品的结构特征来推断其他同类物品。例如，按压式电子打火机可通过其电子打火器的特征来判断。

（9）联想分析法：通过图像中一个可判明的物品来推断可能存在的其他物品。例如，通过图像中判读出的水果，可以推断包内可能会出现水果刀等利器类物品。

（10）观察分析法：通过观察旅客的性别、年龄、着装、表情等信息来辅助判断其所携带物品的安全性。如发现旅客神情紧张、眼神慌乱或着装与季节不符等情况，操作员应仔细判读其所带行李物品。

（11）常规分析法：当图像中显示的物品形状、颜色、结构特征与常见物品图像有较大区别时，应引起警惕并进行深入分析。

（12）排除法：先排除已经判定的安全物品（如手机、充电器、硬币等），再对剩余物品图像进行重点分析。

（13）角度分析法：联想物品在不同角度下的图像特征进行分析判断。例如，管制刀具在正放角度下的特征可能比较明显，而在直放角度下则相对不明显。

（14）综合分析法：结合使用上述方法中的几种同时对图像进行分析判读。例如，在判读笔记本电脑时，可以同时使用重点分析法、联想分析法、特征分析法等多种方法进行综合判读。

任务实施
RENWU SHISHI

📁 工作过程一　检查 X 射线安检仪工作状态

（1）机场服务人员到达航空公司值机柜台，确认本次航班对托运行李和手提行李的运输要求。对外形怪异、包装奇特的物品，应请旅客对其功能、用途和操作方法进行说明；并进行 X 射线安检仪检查，以了解其内部结构及是否藏匿违禁物品；对有疑问的物品，可采用拆、捏、摸等手工检查方法进行进一步确认。

（2）安检人员应检查 X 射线安检仪的外壳面板、显示器、键盘及电缆是否损坏；检查通道入口及出口处的铅门帘是否缺损；检查传送带是否磨损或脏污；检查电源接通指示灯、等待指示灯、射线指示灯是否正常；确认托运行李监测机器、手持安检仪器以及手提行李 X 光检测仪均处于正常可使用状态。操作员使用仪器前应检查仪器外观是否完好。

（3）检查过程中，如遇设备发生故障，应立即报告现场值班领导。

📁 工作过程二　X 射线安检仪开机

（1）开机：将专用钥匙插入锁孔，顺时针旋转 90°，系统上电后，绿色电源按键的内置指示灯亮起，然后按下绿色电源按键。

（2）首先开启稳压电源，观察电压指示是否稳定在 220±10% 的范围内。

（3）开启 X 射线安检仪电源，观察运行自检测程序正常后，开始检查工作。检查过程中，如遇设备发生故障，应立即报告现场值班领导。

（4）将需要托运的行李物品放在电视监测机的传送带上，检查人员通过荧光屏进行检查。如发现有可疑物品，须告知旅客并进行开箱检查。按照 X 射线检查仪操作员所指的重点部位和物品进行检查；在没有具体目标的情况下，应一件一件地进行检查。已检查和未检查的物品必须分开，放置要整齐有序。如包内发现枪支等重大违禁物品，应先取出妥善保管，及时进行处理，然后再细查其他物品，并对物主采取必要的看护措施。检查后如有问题，应及时报告领导或移交公安机关处理。

📁 工作过程三　X 射线安检仪关机及后续处理

（1）关机：检查结束后，退出检查界面；确认通道内是否有遗留物；逆时针旋转钥匙开关，X 射线安检仪将自动关机；电源指示灯延时约 10 秒后熄灭；电源指示灯熄灭后拔掉外接电源插头或关断稳压电源。

（2）如关机后又需立即开机，必须先等待电源指示灯熄灭（约 10 秒钟）再进行操作。工作结束后，应关闭 X 射线安检仪电源及稳压电源。部分机型可能需要先退出 X 射线安检仪操作平台，待图像存储完成后，再关闭 X 射线安检仪电源及稳压电源。

（3）按要求认真填写设备运行记录。

知识拓展
ZHISHI TUOZHAN

一、常见问题及解决方法

（1）X 射线安检仪显示器图像受到干扰。

原因：显示器周围有无法屏蔽无线电波的仪器或无线对讲机。

解决方法：应关掉这些设备，若无法关闭，则让其与显示器保持一定距离，直至显示器不受干扰为止。

（2）X 射线安检仪在无行李检查时一直发射 X 射线。

原因：X 射线安检仪光障被异物遮挡。

解决方法：停止传送带运行，检查 X 射线安检仪通道内光障上有无遮挡物，如有遮挡物则将其移除。如无遮挡物，则立即报告现场值班领导，由专业技术人员排除故障。

二、X 射线安检仪图像综合判读的方式

（1）图像中颜色较浅的物品，从左到右分别有化妆品和书本。图像中部书本下端的橙色块状物体，通过颜色分析法和特征分析法判断为 TNT 炸药块，如图 5-10 所示。

（2）图像上部，使用颜色分析法和形状分析法判断为化妆品；图像中下部的浅绿色物体，通过颜色分析

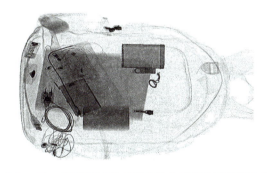

图 5-10　物品通过 X 射线安检仪时电脑显示图像 2

分析法、形状分析法和对称分析法判断为鞋；图像左侧，使用形状分析法和整体判读法判断为镜头、机身分离的单反相机。图像右侧，使用形状分析法和整体判读法判断为充电器，如图 5-11 所示。

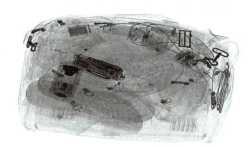

图 5-11　物品通过 X 射线安检仪时电脑显示图像 3

阅读与思考
YUEDU YU SIKAO

厦门机场连续查获三起隐匿火种事件

2017 年 3 月 6 日上午 10 点 40 分左右，厦门机场安检站工作人员对即将乘坐 AE992 次航班前往台北的旅客进行例行安全检查时，发现旅客蔡某通过安检门时触发了报警系统。尽管蔡某极力保持镇定，并坚称自己并未携带任何违禁物品，且通过安检门时未发出警报，但他拒绝配合安检人员进行进一步的人身检查。安检员徐俊凭借丰富的经验和敏锐的警觉性，果断采取措施控制了蔡某，并加大了检查力度。最终，在蔡某右脚踝的袜子中发现了一盒火柴。面对询问，蔡某辩解称是由于裤子口袋破损，火柴不慎滑落至袜子中。经过严格的检查程序，确认蔡某身上未携带其他危险品后，安检人员按照相关规定将其移交至机场公安机关进行进一步调查处理。

2017 年 3 月 7 日中午 13 点 47 分左右，在安检 H 通道，安检员小张正一丝不苟地进行着人身检查工作。此时，一位大约五十岁的旅客大叔步入检查区域。当小张检查到该旅客右脚内侧时，金属探测器发出了报警声，引起了小张的警觉。经过仔细地检查，小张在旅客右脚内侧发现了一个精心隐匿的打火机。小张立即将此情况报告给现场值班领导，并将该旅客移交给机场公安进行处理。后经了解，该旅客此次来厦门旅游，因不了解机场内部设有吸烟室，加之自己烟瘾较大，便试图携带打火机登机。未曾想，这一行为被安检员小张及时发现。面对安检员的严格把关，该旅客也意识到了自己的错误，并表示今后会遵守相关规定。

2017年3月11日15点56分，在厦门机场T3航站楼国内安检现场I通道，安检人员发现一起旅客刘某试图隐匿打火机的行为。当时，刘某正准备乘坐MF8159航班前往舟山普陀山。在检查到刘某腰部前，安检人员曾礼貌地询问他是否携带了打火机或火柴。当探测器扫到刘某后背时，突然发出报警声，引起了安检人员的高度警觉。他们立即再次询问刘某是否携带了违禁品，但刘某显得神情紧张，试图逃避检查。经过细致的搜索，安检人员最终在刘某的背部位置发现了一个打火机。原来，刘某以为安检人员只会对腰带等显眼位置进行仔细检查，而后背可能会被忽略，因此他试图通过隐匿打火机来蒙混过关。然而，他最终还是被务实且细心的安检人员识破。随后，刘某被移交给公安机关作进一步处理。

《关于旅客携带打火机火柴乘坐民航飞机法律责任告知书》：根据中国民用航空局有关规定，旅客不得随身携带或在手提行李、托运行李中运输打火机火柴。如您随身携带或在手提行李、托运行李中有打火机火柴的，请您取出并自行处置。否则，您可能面临公安机关5000元以下罚款、拘留等行政处罚。由此造成的其他损失，由您自行承担。（有改动）

——张爱玲. 厦门机场连续查获三起隐匿火种事件 [EB/OL].（2017-03-17）[2024-07-08]. http://www.iaion.com/aq/83862.html.

考核评价

小组成员分别扮演旅客与安检人员，进行物品检查查验任务，并填写X射线安检仪考核评价表，如表5-2所示。

表5-2　X射线安检仪考核评价表

项目	评分标准	小组自评	小组互评	教师点评	实际得分
仪容仪表（20分）	1.穿着统一制服；用发带盘发，无碎发；未佩戴饰品（手表、手链、耳环、项链等）；未染指甲，指甲干净（20分） 2.穿着统一制服；用发带盘发，有碎发；未佩戴饰品（手表、手链、耳环、项链等）；未染指甲，指甲干净（15分） 3.未穿制服；盘发有碎发；佩戴有少量饰品；未染指甲，指甲干净（10分） 4.未穿制服；未盘发；佩戴造型夸张的饰品；指甲不干净（5分）				

续表

项目	评分标准	小组自评	小组互评	教师点评	实际得分
站姿微笑（20分）	1. 站姿规范，微笑自然（20分） 2. 站姿较规范，微笑基本自然（15分） 3. 有微笑，站姿不符合岗位规范（10分） 4. 无微笑，站姿不符合岗位规范。5分				
文明用语（20分）	1. 能正确使用岗位文明用语（20分） 2. 较准确使用岗位文明用语（15分） 3. 基本能使用岗位文明用语（10分） 4. 不能使用岗位文明用语（5分）				
物品检查（20分）	1. 能够准确按照操作流程开启X射线安检仪，熟悉不同行李分类的运输要求，进行行李检查（20分） 2. 较准确按照操作流程开启x射线安检仪，大致能对行李进行判断并对旅客行李进行检查（15分） 3. 基本能判断旅客行李是否符合规定，基本熟悉行李安检流程（10分） 4. 不能正确对行李进行判断和行李检查（5分）				
动作规范（20分）	1. 能够根据正确流程启动x射线安检仪，掌握行李类别并通过x射线仪反应的颜色准确判断行李中的物品（20分） 2. 基本完成x射线安检仪开关机启动，将行李按照规定放入安检仪进行检查（15分） 3. 能基本判断行李类别，独立完成x射线安检仪开关机，无法分辨行李物品（5分）				
总得分	实际得分 = 教师点评40%＋小组互评30%＋小组自评30%。				

练—练

单选题

1. X射线安检仪开关机规程为（　　　）。

　　①首先开启稳压电源，观察电压指示是否稳定在 220±10% 的范围内。

　　②操作员使用仪器前应检查仪器外观是否完好。

　　③开启 X 射线安检仪电源，观察运行自检测程序正常后，开始检查工作。

　　A.①②③　　　　B.②①③　　　　C.①③②　　　　D.②③①

2. X射线安检仪根据用途分为三类，其中不包括（　　　）。

　　A. 能量分辨型托运行李微剂量X射线安全检查设备

　　B. 车载式X射线安检仪

　　C. 能量分辨型货物微剂量X射线安全检查设备

　　D. 能量分辨型手提行李微剂量X射线安全检查设备

3. 物品检查的范围主要包括（　　　）。

　　A. 旅客、进入隔离区的工作人员随身携带的物品的检查

　　B. 随机托运行李物品的检查

　　C. 对航空货物和邮件的检查

　　D. 以上全选

任务三　掌握开箱（包）准备及方法

学习目标

✓ 熟悉物品检查的工作流程。

能力目标

✓ 掌握物品检查中开箱（包）的具体流程与操作方法。

RENWU DAORU

　　旅客张先生计划在南昌昌北机场 T2 航站楼乘坐南方航空的航班前往三亚度假。此刻，他正准备在值机柜台办理行李托运手续。请问，正在执行安检任务的小李应如何对张先生的行李进行细致且规范的物品检查？

知识准备

ZHISHI ZHUNBEI

✈ 一、开箱（包）检查的程序

　　（1）观察外层：查看箱（包）的外形，检查外部小口袋及有拉链的外夹层。

　　（2）检查内层和夹层：用手沿包的各个侧面上下摸查，将所有的夹层、底层和内层小口袋检查一遍。

　　（3）检查包内物品：按 X 射线检查仪操作员所指的重点部位和物品进行检查；在没

有具体目标的情况下应逐件检查，检查过程中需将不同物品分开，放置整齐有序。如包内有枪支等重大违禁物品，应先取出妥善保管，并及时处理，随后再细查其他物品，同时对物主采取看护措施。检查后如发现问题，应及时报告领导或移交公安机关处理。开包检查如图 5-12 所示。

图 5-12　工作人员进行开包检查 1

✈ 二、开箱（包）检查的方法

　　一般是通过人的眼、耳、鼻、手等感官进行检查，根据不同的物品采取相应的检查方法。主要有以下几种常用方法：看、听、摸、拆、掂、捏、嗅、探、摇、烧、敲、开等。这些方法不一定单独使用，常常是几种方法结合起来，以便更准确、快速地进行检查。开包检查如图 5-13 所示。

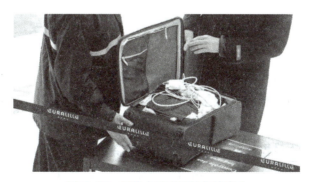

图 5-13　工作人员进行开包检查 2

（1）看：对物品的外表进行观察，看是否有异常，包袋是否有变动等。

（2）听·对录音机、收音机等音响器材，通过听的方法判断其是否有异常，此法也可用于对被怀疑有定时爆炸装置的物品进行检查。

（3）摸：直接用手的触觉来判断是否藏有异常或危险物品。

（4）拆：对被怀疑的物品，通过拆开包装或外壳，检查其内部有无藏置危险物品。

（5）掂：对受检查的物品用手掂其重量，看其重量与正常物品是否相符，从而确定是否需进一步检查。

（6）捏：主要用于对软包装且体积较小的物品，如洗发液、香烟等，靠手感来判断有无异常物。

（7）嗅：对被怀疑的物品，主要是爆炸物、化工挥发性物品，通过鼻子嗅闻，判断物品的性质。基本动作应注意使用"扇闻"的方法。

（8）探：对有怀疑的物品如花盆、盛有物品的坛、罐等，如无法透视，也不能用探测器检查，可用探针进行探查，判断有无异物。

（9）摇：对有疑问的物品，如用容器盛装的液体、佛像、香炉等中间可能是空心的物品，可以用摇晃的方法进行检查。

（10）烧：对有怀疑的某些物品，如液体、粉末状、结晶状等，可取少许用纸包裹，然后用火点燃纸张，根据物品的燃烧程度、状态等判断其是否为易燃易爆物品（试烧要注意周围环境，确保安全）。

（11）敲：对某些不易打开的物品如拐杖、石膏等，用手敲击，听其发音是否正常。

（12）开：通过开启、关闭开关，检查手提电话、传呼机等电器是否正常，防止其被改装为爆炸物。

✈ 三、开箱（包）检查操作

（1）开箱（包）检查员应站立在X射线机行李传送带出口处，疏导箱包，避免受检箱包被挤、压、摔倒。

（2）当有箱（包）需要开检时，开机员会给开箱（包）检查员以语言提示。待物主到达前，开箱（包）检查员应控制需开检的箱（包）。物主到达后，开箱（包）检查员应请物主自行打开箱包，并对箱包实施检查。（如箱包内疑有枪支、爆炸物等危险品的特殊情况下，需由开箱包检查员控制箱包，并做到人物分离）

（3）开箱（包）检查时，开启的箱包应侧对物主，以便其能通视自己的物品。

（4）根据开机员的提示对箱包进行有针对性地检查。已查和未查的物品要分开，放置要整齐有序。检查包的外层时，应注意检查其外部小口袋及有拉链的外夹层。检查包的内层和夹层时，应用手沿包的各个侧面上下摸查，将所有的夹层、底层和内层小口袋完整、认真地检查一遍。

（5）检查过程中，开箱（包）检查员应根据物品种类采取相应的检查方法（看、听、摸、拆、掂、捏、嗅、探、摇、烧、敲、开）进行检查。

（6）开箱（包）检查员将检查出的物品请开机员复核。若属安全物品，则交还旅客本人或将物品放回旅客箱包，并协助旅客将箱包恢复原状，然后对箱包进行 X 射线机复查。若为违禁品，则交至移交台处理。若受检人员申明携带的物品不宜接受公开开包检查，开箱（包）检查员应交值班领导处理。

（7）遇有受检人员携带胶片、计算机软盘等不愿接受 X 射线机检查的情况，应进行手工检查。

✈ 四、开箱（包）检查的重点对象（重点物品）

（1）用 X 射线机检查时，图像模糊不清，无法判断物品性质的。

（2）用 X 射线机检查时，发现似有电池、导线、钟表、粉末状、液体状、枪弹状物及其他可疑物品的。

（3）X 射线机图像中显示有容器、仪表、瓷器等可能隐藏违禁品的物品。

（4）照相机、收音机、录音录像机及电子计算机等电器设备，特别是新型或改装过的。

（5）携带者特别小心或时刻不离身的物品，尤其是包裹严实或遮挡的。

（6）乘机者携带的物品与其职业、事由和季节明显不相适应的。

（7）携带者声称是帮他人携带或来历不明的物品，特别是无法提供合理解释的。

（8）旅客声明不能用 X 射线机检查的特殊物品，应详细了解原因并谨慎处理。

（9）现场表现异常的旅客或群众揭发的嫌疑分子所携带的物品，需加强警惕。

（10）公安部门通报的嫌疑分子或被列入查控人员所携带的物品，应严格检查。

（11）旅客携带的密码箱（包）在进入检查区域时发生报警的，应立即进行开箱检查。

✈ 五、开箱（包）检查的要求及注意事项

（1）开箱（包）检查时，物主必须在场，并礼貌地请物主自行将箱（包）打开。

（2）检查时要认真细心，特别要注意重点部位如箱（包）的底部、角部、外侧小袋及拉链处，并注意发现有无夹层或隐藏空间。

（3）对于没有进行托运行李流程改造的区域，要加强监控措施，防止已查验的行李箱（包）与未经安全检查的行李箱（包）调换或夹塞违禁（危险）物品。

（4）对旅客的物品要轻拿轻放，尽量避免损坏。如有损坏，应按相关规定照价赔偿。检查完毕后，应尽量按原样整理好。

（5）开箱（包）检查发现危害大的违禁物品时，应立即采取措施控制住携带者，防止其逃离现场，并将箱（包）重新经 X 射线机检查，以查清是否还藏有其他危险物品。必要时，可将其带入检查室进行彻底清查。若旅客申明所携带物品不宜接受公开检查时，安检部门应根据实际情况灵活处理，避免在公开场合进行检查。

（6）所有经过开箱（包）检查的行李，在确认无误后，必须再次经过 X 射线机检查方可放行。

开包检查规范用语

任务实施
RENWU SHISHI

工作过程一　观察外层

工作人员负责对行李实施开箱（包）手工检查，根据 X 光机操作员指示的位置，准确地排除疑点。具体而言，需根据 X 光机操作员的指示，对旅客的行李进行开箱（包）手工检查。

工作过程二　检查外部小口袋及有拉链的外夹层

用手沿包的各个侧面上下摸查，确保将所有的夹层、底层和内层小口袋完整检查一遍。认真检查箱内 X 光机操作员指示位置的每件物品，直至排除所有疑点，并将检查情况及时反馈给 X 光机操作员。

工作过程三　检查内层和夹层

按照 X 射线检查仪操作员所指的重点部位和物品进行检查。在没有明确目标的情况下，应逐一检查每件物品，确保无一遗漏。检查过程中，已检查和未检查的物品必须分开摆放，且放置要整齐有序。如发现包内有枪支等重大违禁物品，应立即取出并妥善保管，同时及时进行处理，再继续细致检查其他物品。对物主需采取必要的看护措施。检查完毕后，如发现问题应及时报告领导，或移交公安机关处理。

📁 工作过程四　检查包内物品

对查出的违禁物品和限制物品，应及时交分队领导处理。同时，负责将需要办理暂存物品的旅客引导至内勤处进行后续工作。

对液态、胶状及粉末状物品进行重点检查，如辨别不清，可利用液态物品检查仪及炸药、毒品探测仪进行测试，以确保安全。

📁 工作过程五　提取行李物品

协助旅客复原行李物品，并提醒旅客提取所有行李物品，确保无遗漏。同时，疏导旅客尽快离开安检现场，进入隔离区，以维护现场秩序。

考核评价

小组成员分别扮演旅客与安检人员，进行物品检查的工作，并填写开箱（包）方法考核评价表，如表5-3所示。

表5-3　开箱（包）方法考核评价表

项目	评分标准	小组自评	小组互评	教师点评	实际得分
仪容仪表（20分）	1.穿着统一制服；用发带盘发，无碎发；未佩戴饰品（手表、手链、耳环、项链等）；未染指甲，指甲干净（20分） 2.穿着统一制服；用发带盘发，有碎发；未佩戴饰品（手表、手链、耳环、项链等）；未染指甲，指甲干净（15分） 3.未穿制服；盘发有碎发；佩戴有少量饰品；未染指甲，指甲干净（10分） 4.未穿制服；未盘发；佩戴造型夸张的饰品；指甲不干净（5分）				
站姿微笑（20分）	1.站姿规范，微笑自然（20分） 2.站姿较规范，微笑基本自然（15分） 3.有微笑，站姿不符合岗位规范（10分） 4.无微笑，站姿不符合岗位规范。5分				
文明用语（20分）	1.能正确使用岗位文明用语（20分） 2.较准确使用岗位文明用语（15分） 3.基本能使用岗位文明用语（10分） 4.不能使用岗位文明用语（5分）				

续表

项目	评分标准	小组自评	小组互评	教师点评	实际得分
开箱包检查（20分）	1.能够准确按照流程依次进行开箱包检查，熟悉不同箱包的检查顺序（20分） 2.较准确按照流程依次进行开箱包检查，熟悉不同箱包的检查顺序（15分） 3.基本能了解开箱包的主要方法并进行检查（10分） 4.不能正确对箱包进行检查（5分）				
动作规范（20分）	1.能够根据箱（包）的外形，检查外部小口袋及有外链的外夹层，用手沿包的各个侧面上下摸查，将所有的夹层、底层和内层小口袋检查一遍20分 2.能对箱包进行基本的检查，明确检查顺序（15分） 3.能基本根据箱（包）的外形，检查外部小口袋及有外链的外夹层，无法更仔细深入检查（5分）				
总得分	实际得分＝教师点评40%＋小组互评30%＋小组自评30%。				

练一练

一、简答题

1. 行李物品需开箱（包）检查时，旅客不配合工作怎么办？

2. 安检现场发现无人认领的行李物品时，应该怎么办？

3. 开包员在请旅客开箱（包）检查过程中，旅客转身就跑，应该怎么办？

4. 在执行开箱（包）检查时，在旅客的行李内发现了几本非法出版物，此时开包员怎么办？

5. 在执行开箱（包）检查时，遇有一名旅客想抢回被开包员检查出来的管制刀具时，应该怎么办？

二、案例分析

　　某日，X射线机操作员在对MU5719昆明至北京的中转行李进行图像判读时，发现一件拉杆箱图像与正常行李图像存在明显差异。操作员立刻对该行李发出开检指令。行李托运人到达开包间后，开包员请其打开行李配合检查，但该行李托运人并未按要求打开行李，而是取出手机准备打电话。此时开包员应该如何处理？

任务四　掌握办理暂存和移交单据流程

学习目标

✓ 1. 掌握办理暂存、移交的程序，以及可以办理移交、暂存物品的范围。

✓ 2. 能够正确填写移交、暂存物品的单据。

✓ 3. 在学习中强化学生认真细致的学习习惯和安全责任意识。

能力目标

✓ 能够正确对特殊物品进行处理及移交。

任务导入 RENWU DAORU

　　旅客雷小姐准备乘坐某航班从北京首都国际机场前往上海，其随身携带的行李中包含了超规的液体物品（化妆品）。此时，安检员应该如何处理？

知识准备 ZHISHI ZHUNBEI

→ | 一、办理暂存、移交的程序

　　由安检员将旅客及其物品带至受理台后，受理人员需根据相关规定，对旅客不能带上飞机的物品办理暂存或移交手续。属于暂存、移交范围的物品主要包括以下几个方面。

（一）禁止旅客随身携带或者托运的物品

（1）勤务中查获的枪支、弹药、警械具类、爆炸物品类、管制刀具、易燃易爆物品、毒害品、腐蚀性物品、放射性物品以及其他危害飞行安全的物品等，均为国家法律法规明确禁止携带的物品。此类物品应移交公安机关处理，并进行违禁物品登记。

（2）对于旅客携带的限量物品超出部分，安检员可建议旅客将其交给送行人带回或自行处理。若旅客选择放弃，安检员应将此类物品归入旅客自弃物品回收箱中。

（二）禁止旅客随身携带但可作为行李托运的物品

勤务中查获的禁止旅客随身携带但可作为行李托运的物品（如超长水果刀、大剪刀、剃刀等生活用刀；手术刀、雕刻刀等专业刀具；刀、矛、剑、戟等文艺表演用具；斧、凿、锤、锥，加重或有尖头的手杖等危害航空安全的锐器、钝器）应做如下处理。

（1）移交员应明确告知旅客，该类物品虽禁止随身携带，但可作为行李托运或交给送行人员。若旅客因时间紧迫来不及办理托运，可为其办理暂存手续。

（2）办理暂存手续时，受理员应详细告知旅客暂存期为30天，并强调若超过30天无人认领，将视为自动放弃，届时将交由民航公安机关处理。

暂存物品收据应一式三联，如表5-4所示。开具单据时，务必按照单据要求逐项填写，确保信息准确无误。其中一联由受理员留存，一联交予旅客，还有一联则需粘贴在"暂存物品袋"上，以便后续管理。

表5-4 暂存物品收据
Receipt for Temporally Preserved Items Due to Aviation Security

编号（No.）：

日期 date	
航班号 / 目的地 Flight No./Destination	
旅客姓名 Passenger's name	
物品名称 / 数量 Item/Quantity	
旅客签名 Signature	
经办人 Person handling the transaction	

注：暂存物品请在30日内凭单据领取，逾期不认领者按无主处理。

（3）填写暂存物品登记表。

（4）对于国际航班，移交员还可根据航空公司的要求为旅客办理移交机组手续。在此过程中，需要填写换取物品单据，并明确告知旅客，在下飞机时，他们需凭此单据向机组取回其物品。换取物品单据应一式三联。开具单据时，必须严格按照单据上规定的项目逐项填写，确保信息的准确性。填写完毕后，一联留存，一联交给旅客，还有一联应贴在"移交袋"上。若"移交袋"空间不足，也可贴在被移交物品的外包装上。

（5）如果旅客明确表示放弃该物品，移交员应将其归入旅客自弃物品回收箱中。

（三）旅客限量随身携带的生活用品

（1）勤务中查获的需限量随身携带的生活用品，移交员可请旅客对超量部分选择送交送行友人带回或自行处理。对于携带的酒类物品，移交员可建议旅客交由送行友人带回或办理托运手续。

（2）如果旅客提出放弃，安检员应将相关物品归入旅客自弃物品回收箱（筐）中。

（四）勤务中查获的物品

勤务中查获的走私物品、淫秽物品、毒品、赌具、伪钞、反动宣传品等，应做好登记，并将人和物品一并移交民航公安机关、海关等相关联检单位依法处理。

（五）旅客（工作人员）丢失的物品

（1）由捡拾人与移交员共同对捡拾物品进行清点、登记。

（2）若捡拾物品在当日未被旅客取走，则应上交至失物招领处，并取回相关回执。

（六）移交员岗位职责

每天在勤务结束后，移交员需将暂存物品、旅客自弃物品及暂存物品登记表上交至值班员兼信息统计员。

（七）值班员兼信息统计员岗位职责

（1）对移交员上交的暂存物品进行清点、签收，并妥善保留暂存物品登记表。

（2）负责将暂存物品按日期分类，分别放置在相应的层柜中，以便日后旅客提取暂存物品时能够迅速查找。

（3）负责对旅客自弃物品的收存工作。

（八）暂存物品的领取及处理

（1）旅客需凭暂存物品单据在 30 日内领取暂存物品。物品保管员根据暂存物品单据上的日期、序列号找到对应物品，确认无误后返还给领取人，并同时收回旅客手中的暂存物品单据。

（2）对于超过 30 天后仍无人认领的暂存物品，应及时上交至民航公安机关处理；对于已经返还的暂存物品，则在暂存物品登记表上进行注销，并将登记表与无人认领物品一并上交。

（3）对于旅客自弃的物品，应定期进行回收处理。

二、暂存、移交物品单据的填写和使用

暂存物品是指不能由乘机旅客随身携带，且旅客本人又不便即时处置的物品。暂存物品收据是指包含物主姓名、证件号码、物品名称、标记、数量、新旧程度、存放期限、经办人及物主签名等项目的一式三联单据。

在开具单据时，必须严格按照单据所规定的项目逐项填写，不得遗漏任何一项。暂存物品收据一式三联：第一联留存，第二联交给旅客，第三联贴于暂存物品上，以便于旅客领取。安检部门收存的暂存物品应设有专人专柜进行妥善保管，以防丢失。

暂存物品收据的有效期限一般为 30 天。逾期未领取者，视为自动放弃物品，将由安检部门处理。对于 30 天内无人认领的暂存物品，将统一收存。若之后 7 天内仍无人认领，则视同无人认领物品进行上交处理。对于已经返还的暂存物品，应在暂存物品登记表上进行核销，并将暂存物品登记表与无人认领物品一并上交。

任务实施
RENWU SHISHI

📁 **工作过程一　填写暂存物品单据**

暂存物品单据的使用和填写要求：需填写物主姓名、证件号码、物品名称、标记、数量、新旧程度、存放期限、经办人等信息，并请物主签名确认。在开具单据时，必须严格按照单据所规定的项目逐项填写，不得遗漏任何一项。

📁 工作过程二　填写移交物品单据

移交是指安检部门在安全检查工作中，将遇到的问题物品按规定移交给各有关部门。这里的移交包括三个方面：移交给民航公安机关、移交机组或移交其他相关部门，即需办理好交接手续，并清点所有物品。

移交物品单据是安检部门在检查工作中遇到需要移交的物品时填写的三联单。接收人签名后，将第一联留存，第二联交给旅客，第三联交予接收人。移交物品单据应妥善保管，以便日后存查。

对旅客遗留的物品，需登记清楚数量、型号、日期，并安排专人妥善保管，以方便旅客认领。对旅客自弃的物品，安检部门需统一造册，并妥善保管，经上级领导批准后处理。

📁 工作过程三　特殊情况的处理

（1）安检中发现可能被用来劫（炸）机的武器、弹药、管制刀具以及假冒证件等，应当连人带物移交所属民航公安机关审查处理。移交时，应填写好移交清单，双方签字并注意字迹清晰，不得遗漏任何项目。

（2）对安检中发现的具有走私文物、毒品、淫秽物品、伪钞等嫌疑的物品，应连人带物移交有关部门审查处理。

（3）旅客携带《禁止旅客随身携带但可作为行李托运的物品》中所列物品且来不及办理托运的，应按规定或根据航空公司的要求为旅客办理手续后移交给机组。物品管理包括对旅客暂存、自弃和遗留物品的管理。

（4）禁止旅客随身携带但可作为行李交运的物品以及限量携带物品的超量部分，在来不及办理交运手续或移交机组时，可作暂存处理。安检人员应给物主开具暂存物品收据。

（5）物主自动放弃的物品应当统一登记造册，记录收到的时间、地点、数量及品名。

（6）发现旅客、物主遗留在安检现场的物品，应当由两名以上（包括两名）安检人员共同清点和登记，并及时交给专人保管。贵重物品应及时报告值班主管，尽可能地寻找失主。

（7）对旅客暂存、遗留且在30天内无人认领的物品以及旅客自弃的物品，应当统一登记造册，交民航公安机关处理。

📁 工作过程四　旅客物品暂存手续

旅客在通过安全检查时，如遇生活物品不能随身携带，但又没有时间办理行李托运的，以及禁止旅客随身携带但可以托运的物品，机场管理机构应为旅客提供暂存服务。

阅读与思考
YUEDU YU SIKAO

在机场过检时，旅客白女士发现她随身携带的一瓶化妆品超过了规定的尺寸。由于登机时间紧迫，她无法及时办理托运手续。面对这一突发情况，机场安检员小王迅速给出了解决方案，他建议白女士将化妆品办理暂存，以便在返程时到机场领取。在小王的悉心指导下，白女士填写了暂存物品收据，并顺利完成了安检流程，随后登机。白女士对小王的专业建议和热心帮助表示衷心的感谢，她称赞小王的服务周到细致，为她解了燃眉之急。

考核评价

小组内成员分别扮演旅客和安检服务人员，进行物品暂存移交操作，并填写相应的考核评价表，如表5-5所示。

表5-5　物品暂存移交工作考核评价表

项目	评分标准	小组自评	小组互评	教师点评	实际得分
仪容仪表（20分）	1.穿着统一制服；用发带盘发，无碎发；未佩戴饰品(手表、手链、耳环、项链等)；未染指甲，指甲干净（20分） 2.穿着统一制服；用发带盘发，有碎发；未佩戴饰品(手表、手链、耳环、项链等)；未染指甲，指甲干净（15分） 3.未穿制服；盘发有碎发；佩戴有少量饰品；未染指甲，指甲干净（10分） 4.未穿制服；未盘发；佩戴造型夸张的饰品；指甲不干净（5分）				
站姿微笑（20分）	1.站姿规范，微笑自然（20分） 2.站姿较规范，微笑基本自然（15分） 3.有微笑，站姿不符合岗位规范（10分） 4.无微笑，站姿不符合岗位规范（5分）				
文明用语（20分）	1.能正确使用岗位文明用语（20分） 2.较准确使用岗位文明用语（15分） 3.基本能使用岗位文明用语（10分） 4.不能使用岗位文明用语（5分）				

续表

项目	评分标准	小组自评	小组互评	教师点评	实际得分
物品暂存移交（20分）	1. 熟练而正确地填写暂存移交物品单据（20分） 2. 能较准确地填写暂存移交物品单据（15分） 3. 填写的暂存移交物品单据有缺项、字迹潦草（10分） 4. 不能正确填写暂存移交物品单据,有多处明显错误(5分）				
动作规范（20分）	1. 能正确处理枪支、弹药等违禁物品和遗留自弃物品（20分） 2. 较准确处理枪支、弹药等违禁物品和遗留自弃物品（15分） 3. 较准确处理枪支、弹药等违禁物品，未能正确处理遗留自弃物品（10分） 4. 不能正确处理枪支、弹药等违禁物品和遗留自弃物品（5分）				
总得分	实际得分＝教师点评40%＋小组互评30%＋小组自评30%。				

练一练

思考题

1. 在旅客行李中查出有毒、腐蚀性、放射性物品，以及其他可能会危害航空安全的物品，或国家规定的其他禁运物品时，应该怎么办？

2. 在旅客行李中查出匕首、三棱刮刀、带有自锁装置的弹簧刀、跳刀、武士刀及其他管制类刀具时，应该如何处理？

附　录

附录 1：中华人民共和国民用航空法

中华人民共和国
民用航空法

附录 2：中华人民共和国民用航空安全保卫条例

中华人民共和国
民用航空安全保卫条例

附录 3：民用航空安全检查规则

民用航空安全
检查规则